[illegible]

[illegible] PRINCESSE

[illegible] D'ORLÉANS

[illegible]

LAUSANNE
[illegible] éditeurs.

PARIS, LIBRAIRIE GRASSART
[illegible], Rue de la Paix.

Les

Expériences d'une princesse.

Lausanne 1892. — Imp. Georges Bridel & Cie.

Les

Expériences d'une Princesse

HÉLÈNE D'ORLÉANS

Traduit de l'allemand.

LAUSANNE

GEORGES BRIDEL & Cie ÉDITEURS

Cette notice sur la duchesse d'Orléans a paru pour la première fois dans la *Christoterpe*, recueil périodique allemand ; elle a été ensuite réimprimée dans un volume de biographies chrétiennes. L'auteur, M. MAX REICHARD, a bien voulu autoriser cette traduction française.

I

Parmi les voyageurs qui traversent la Thuringe, il en est peu qui, en passant à Eisenach, n'aient jeté un regard sympathique sur le château grand-ducal qui fut jadis l'asile d'une des princesses les plus nobles et les plus éprouvées de notre siècle.

Qu'il me soit permis de rappeler au début de cette étude sur Hélène de Mecklembourg, duchesse d'Orléans, le souvenir d'une visite que j'eus l'honneur de lui faire en juillet 1857.

Un voyage à travers les universités allemandes m'avait amené à Halle, où j'avais passé des heures inoubliables auprès de Tholuck. Quand je le quittai, apprenant que je devais traverser la Thuringe, il me dit : « N'oubliez pas de vous arrêter à Eisenach et de visiter, non seulement la Wartbourg, mais la noble duchesse d'Orléans. J'ai reçu d'elle dernièrement des lettres qui m'apprennent qu'elle ne séjournera plus longtemps en Allemagne. »

Peu de jours après, suivant ce conseil, je me présentai au château d'Eisenach. Mon espoir d'être admis auprès de la princesse était faible. On la disait malade. Au bout de quelques minutes, cependant, on vint me dire qu'elle me recevrait dans l'après-midi. Le nom de ma ville natale, Strasbourg, avait décidé la princesse à me recevoir, et les heures que je passai chez elle m'ont laissé un souvenir ineffaçable. Tous ceux qui approchaient de la duchesse étaient frappés par le cachet de vraie grandeur empreint sur toute sa personne. Elle était encore remarquablement belle. Sa taille élevée, son noble port, l'expression sérieuse et aimable de ses traits, mais avant tout l'animation de ses yeux et le timbre de sa voix, gagnaient d'autant plus la sympathie qu'on sentait qu'elle n'avait pas conscience du charme tout-puissant qui émanait d'elle.

Je rencontrai chez la duchesse sa belle-mère, la veuve du duc de Mecklembourg-Schwerin. Jamais la vue d'une femme âgée ne m'a fait autant d'impression que celle de cette princesse, sur les traits de laquelle se lisait la souffrance chrétiennement supportée et la paix qui suit la victoire.

La conversation, entretenue par les questions des deux dames, roula naturellement sur le pays qui avait été la seconde patrie de la duchesse, pays qui l'avait exilée, mais auquel néanmoins son cœur était resté fortement attaché. Tout ce qui touchait à la France l'intéressait. Chacune de ses paroles témoignait d'un désir ardent de revoir les lieux dans lesquels elle avait été si heureuse. Ses questions roulèrent principalement sur la vie religieuse en France. Elle s'enquit du sort de l'Eglise évangélique de Paris, dont elle avait été un membre fidèle, et de la vie des pasteurs qu'elle avait connus.

Elle me questionna aussi sur la guerre d'Orient que j'avais suivie comme aumônier. « Vous raconterez tout cela à mes fils, dit-elle. Je désire vous les présenter. Faites-nous le plaisir de venir ce soir prendre une tasse de thé avec nous. Vous nous trouverez avec quelques amis. » Elle me parla ensuite des jeunes princes dont elle dirigeait seule l'éducation avec l'aide de l'excellent professeur Régnier. Je pus me rendre compte de l'esprit dans lequel elle accomplissait ce devoir, en apprenant quels livres elle lisait avec eux. Elle me parla spécialement des *Adieux d'Adolphe Monod ;* elle était toute pénétrée de la beauté et de l'élévation de ces méditations. Je dus lui raconter les souffrances et la mort de cet homme éminent, dont je connaissais personnellement la famille.

A l'heure du thé, je trouvai une société nombreuse réunie dans le salon ; elle se composait de quelques officiers français, des dames d'honneur de la duchesse, de ses amies et des notabilités d'Eisenach. Je remarquai contre les parois des tableaux d'Ary Scheffer, de Vernet, de Decamps, qui ornaient jadis les salons des Tuileries, un trophée d'armes du duc d'Orléans, surmonté de son portrait par Ingres, des tableaux représentant des scènes de la guerre d'Afrique, souvenirs de ces jours de bonheur, évanouis sans retour, débris d'une splendeur passée, que le vent de l'épreuve avait déposés dans l'ancienne patrie de la duchesse.

Tout à coup la porte du salon s'ouvrit, livrant passage à la maîtresse de la maison, accompagnée de deux beaux jeunes gens ; tout le monde s'inclina devant elle. Elle s'approcha de chacun de nous avec un mot aimable et me présenta ses fils, le comte de Paris, dont la figure sérieuse rappelait celle de son père, et le duc de Chartres, un bel adolescent de dix-sept ans, qu'elle traitait encore en enfant et qui lui témoignait la plus grande tendresse. La soirée se passa de la manière la plus agréable. Les dames travaillaient à l'aiguille. La duchesse dirigeait la conversation avec une telle grâce, que les heures s'envolaient. Aucune raideur, aucun ennui ; l'esprit chrétien régnait dans cette causerie spirituelle, comme il arrive toujours lorsque la maîtresse de la maison possède la vraie noblesse de l'âme. J'ai oublié les détails de notre entretien, mais je n'oublierai jamais le noble maintien de la princesse si cruellement éprouvée, dont le cœur brûlait d'amour pour Dieu, dont le regard était fixé sur l'éternité, et qui avait gardé sa tendresse pour le peuple qui lui avait fait tant de mal.

« Au revoir, peut-être en France, dans tous les cas au ciel, » me dit-elle en me serrant la main. Hélas ! elle devait atteindre bien vite cette patrie céleste, sans avoir satisfait le suprême désir de son cœur : revoir la France.

Après une courte lutte, la main du Seigneur l'enleva aux angoisses de cette vie pour la transporter dans le repos béni des enfants de Dieu.

II

Hélène-Louise-Elisabeth naquit le 24 janvier 1814, dans le château de Ludwigslust. Elle appartenait à une ancienne famille noble. Son père était Louis-Frédéric, prince héritier de Mecklembourg-Schwerin ; sa mère était Caroline de Saxe-Weimar. Sans avoir connu ses parents (elle avait un an lorsque mourut sa mère, cinq quand mourut son père), elle hérita largement de leurs qualités morales. Sa mère était fille de Philippe-Auguste de Weimar, dont les dons brillants se retrouvèrent plus tard chez la duchesse d'Orléans.

Dieu, dans sa sagesse, avait préparé une compensation à l'enfant privée si jeune de ses appuis naturels. Obéissant à la volonté de sa femme mourante, le prince héritier s'était décidé à donner une seconde mère à ses enfants, dans la personne de la princesse Augusta de Hombourg. Cette femme distinguée prit en 1816 sa place auprès des enfants de son amie avec un amour et un dévouement dignes d'une véritable mère. Elle a vécu et souffert pour eux, surtout pour la princesse Hélène, elle les a soignés dans les maladies les plus pénibles. Plus d'une fois elle obtint par ses ferventes prières sa propre guérison dans des cas désespérés. Il semblait qu'elle voulût conserver sa vie pour le moment où sa fille, après plusieurs années de bonheur, viendrait bannie, repoussée, se réfugier dans ses bras maternels. Elle survécut longtemps à la princesse Hélène et vit le jour où l'ennemi le plus acharné des d'Orléans, Napoléon III, fut renversé, et où les enfants de son Hélène rentrèrent en France.

Elle rendit à la jeune fille qui lui avait été confiée, le plus grand des services en l'entourant des hommes les plus distingués ; dans un contact journalier avec des natures d'élite, les dons si remarquables d'Hélène de Mecklembourg se développèrent. Elle était richement douée, en effet, la jeune princesse ; sa belle-mère s'en étonnait elle-même et s'écriait parfois en entendant ses propos pleins de profondeur et d'originalité : « Je ne sais vraiment pas où Hélène a trouvé cela ! »

Un homme, en particulier, agit d'une manière heureuse sur le développement de la princesse. Nous avons nommé Gottfried-Henri Schubert. Il avait déjà dirigé l'éducation des aînés de la famille, et, lorsqu'il se retira, Hélène n'avait que cinq ans. Elle conserva néanmoins de ses récits et des conversations auxquelles elle avait assisté, une profonde impression et garda jusqu'à sa mort, sans l'avoir revu, l'attitude d'une élève vis-à-vis de lui. Leur correspondance était un échange continuel d'impressions intimes. Après la mort de la duchesse d'Orléans, Schubert a retracé le souvenir de ses relations avec elle, dans une intéressante biographie.

Le précepteur qui succéda à Schubert eut sur elle une influence non moins bienfaisante ; c'était le théologien Koch, homme très intelligent, plein de feu, d'amour, d'esprit et de puissance ; il chercha à lui faire saisir les vérités éternelles et la prépara ainsi à son instruction religieuse. Cette instruction fut dirigée par un savant qui ne la quitta pas de 1823 à 1831. C'était le Dr Rennecke, qui fut jusqu'à sa mort son plus fidèle ami, son conseiller, son directeur spirituel.

« J'habitais dans le palais de la duchesse héritière, je mangeais à sa table, je faisais partie de sa maison, écrit Rennecke, je collaborais à l'instruction de la princesse, ce qui était pour moi une grande jouissance.

» On ne peut s'attribuer aucun mérite, quand il s'agit de l'éducation d'une enfant aussi richement douée que la princesse Hélène, car Dieu l'avait déjà marquée de son sceau et sa mère avait exercé une influence bénie sur la formation de son caractère. Sa pureté enfantine lui permettait de faire un bon emploi de ses nombreux dons, elle avait appris à comprendre la voix de l'Esprit de vérité et de discipline et à lui obéir. »

Les soins attentifs apportés au choix de l'entourage de la jeune princesse avaient été bénis. Elle avait eu le bonheur d'avoir comme gouvernante une chrétienne mûrie appartenant à une vieille famille huguenote genevoise, Mlle Nancy Salomon, qui fut plus tard la femme du colonel de Bontems. Mlle Salomon resta auprès de la princesse jusqu'à son mariage avec le duc d'Orléans et fut toujours pour elle dans les jours de joie et dans les jours de deuil une amie fidèle et dévouée. Il régnait à Friedensbourg, dans le palais de la duchesse de Mecklembourg, un véritable esprit chrétien. La paix de cet intérieur n'était en aucune manière troublée par la présence de deux dames catholiques, Mme de Both et Mme de Saint-Clair, l'une bavaroise, l'autre parisienne.

Toutes deux subissaient les saintes influences de l'Evangile ; intimement unies, elles embellissaient la vie de leurs compagnes. Leurs lectures et leurs conversations furent très utiles à la jeune princesse, qui était le centre inconscient de cette société d'élite.

Depuis l'âge de trois ans, la princesse Hélène eut pour compagne la comtesse Ida de Bassewitz ; la mort prématurée de cette amie, survenue peu de mois après sa confirmation, fut son premier grand chagrin. Elle revint profondément ébranlée d'une visite à la tombe de son amie et prit peu après un violent typhus qui mit ses jours en danger. Elle guérit et retrouva ses forces, mais le chagrin qu'elle avait éprouvé dura longtemps encore et mit une empreinte solennelle sur les quelques mois qui la séparaient encore de sa propre confirmation. Dans la confession de foi qu'elle écrivit alors et qui porte l'empreinte de ses sentiments les plus intimes, nous trouvons les traces du sérieux extraordinaire avec lequel cette âme, mûrie avant le temps, entamait la lutte de la vie et s'approchait pour la première fois de la table du Seigneur.

Voici sa confession de foi :

« Je crois en Dieu, le Père, le Créateur tout-puissant du ciel et de la terre qui *a donné son Fils unique, afin que quiconque croit en lui ait la vie éternelle*.... Il a eu compassion de moi, il m'a accueillie dans son amour et sa miséricorde et m'a pardonné mes péchés à cause des mérites de son Fils. C'est dans la foi au Fils de Dieu que je trouve le salut de mon âme et la justice qui me permet de subsister devant Dieu, car Jésus-Christ, par son incarnation et par ses souffrances, a accompli une œuvre suffisante pour moi qui ne pouvais rien faire.

» Par la foi en son amour et en sa miséricorde, je puis participer au fruit de son salut. Après m'avoir, par sa résurrection et son ascension, ouvert la porte du ciel, il intercède pour moi auprès du Père afin que, morte au péché, je vive par la justice. Je me consacre à Celui que j'ai accepté par la foi comme mon Sauveur, considérant chaque circonstance de ma vie comme une dispensation de son amour, je le supplie, lui, qui a fait naître et grandir la foi en moi, de me préserver par le Saint-Esprit de tout mal et de me garder dans sa communion, de telle sorte que mes yeux soient toujours fixés sur lui et que je sois un jour unie intimement à lui. Amen. »

L'éducation de la jeune princesse fut terminée en 1831 ; le guide fidèle qui l'avait accompagnée jusque-là la quitta, mais son départ ne changea rien à l'esprit qui, depuis six ans, planait sur Friedensbourg.

Les études même d'Hélène continuèrent d'après les indications de Rennecke. Les saintes Ecritures, Hérodote, Schleiermacher et Schelling furent étudiés comme par le passé ; l'histoire, la littérature, les arts, continuèrent à être cultivés sous la direction de sa mère et du professeur absent. Les circonstances diverses qui se succédèrent montrèrent que cette éducation avait porté des fruits, la princesse fit toujours preuve d'une grande droiture de jugement et d'une grande indépendance d'âme.

Une lettre écrite au Dr Rennecke un an après son départ nous montrera la reconnaissance avec laquelle elle pensait aux enseignements de son maître vénéré.

« C'est par vous, écrit-elle, que j'ai appris à connaître cette paix, qui est plus désirable que l'intelligence et qui est mon plus précieux trésor. Ah ! si je pouvais me l'approprier comme je le désire, si je pouvais la conserver à tel point qu'à aucun moment de ma vie elle ne fût absente de ma physionomie et de mon cœur. Je connais le bien... il est cher à mon âme. Je suis certaine de trouver là mon seul bonheur, et cependant je suis si loin du but que je ne puis reconnaître en moi le moindre fruit d'une foi vivante. Cependant, je considère la petite étincelle de foi qui est en moi comme la seule base solide de ma vie. Seigneur, tu n'éteindras pas le lumignon qui fume encore. »

La première épreuve que la jeune chrétienne dut traverser fut une grave maladie de sa belle-mère. Chacun doutait de son rétablissement, les médecins estimaient que c'était une question d'heures et de minutes. Hélène seule ne douta pas un seul instant que Dieu ne voulût lui conserver l'appui dont elle avait encore un si grand besoin.

« Celui qui m'a reçue en grâce, écrit-elle à cette époque, m'a donné un courage enfantin qui pourrait presque passer pour de l'aveuglement et a soulevé seulement maintenant le voile qu'il avait mis lui-même devant mes yeux. »

Ce fut aux bains de Teplitz, où l'on conduisit la convalescente dans l'été de 1833, que la santé lui revint. La mère et la fille fêtèrent comme une résurrection le séjour dans une belle nature, après un exaucement aussi remarquable de leurs prières.

Un an plus tard, Hélène se trouvait auprès d'un autre lit de maladie, mais cette fois ses prières ne furent pas exaucées. Son frère, le prince Albert, avait dans une course de montagne fait une chute et contracté un mal de tête qui devint aigu et conduisit au tombeau, en novembre 1834, ce jeune homme plein d'espérances.

Un mot écrit à une amie par la princesse, résume l'impression profonde que cette époque de luttes, de douleurs et de divines consolations avait laissée dans son âme : « Les circonstances sérieuses de ma vie renferment le germe de mon bonheur éternel. »

Le divin fondeur, en effet, a remis sept fois au creuset cette âme semblable à de l'argent fin ; il l'a conduite d'un lit de mort à l'autre pendant sa jeunesse, pour la fortifier en vue de l'épreuve qu'il lui gardait en réserve et d'où devait sortir pour elle et pour d'autres le germe du bonheur éternel. Qu'elles sont profondes et vraies, les réflexions écrites par elle quatre semaines après la mort de son frère.

« Notre Albert s'est endormi ; son âme a dû traverser un terrible combat avant le départ. Le Seigneur nous a manifesté ses voies par la manière dont il a conduit notre cher frère, si pieux, si peu fait pour ce monde. Le Seigneur a été miséricordieux envers moi et m'a fait sentir sa présence dans les heures douloureuses que j'ai traversées. Il m'a portée dans ma douleur et m'a conduite pas à pas à travers la mort, la séparation et le vide de l'existence. J'ai senti la grâce qui brille entre les sombres nuages de l'épreuve et j'ai pu dire : « Que ta volonté soit faite à mon égard comme au sien. » En pensant à Albert, je suis souvent triste jusqu'à la mort, puis un bonheur intense remplit mon cœur. Pourriez-vous m'expliquer cet état de mon âme ? Oh ! si nous pouvions pleurer comme des enfants ! Mais non, il faut que nos larmes soient plus brûlantes et creusent des sillons capables de recevoir la semence divine. L'aiguillon de la souffrance a courbé mon cœur et m'a enseigné l'obéissance. J'ai appris sous la discipline de l'épreuve à renoncer volontairement à tout ce qui me rendait la vie précieuse. Dieu m'a donné le sentiment du détachement comme fruit de la lutte entre mes deux natures et m'a fait découvrir sous les épines de la douleur les germes de la vie nouvelle. »

La princesse Hélène ne se doutait pas, lorsqu'elle écrivait ces mots, que les fleurs de cette vie nouvelle commençaient déjà à s'épanouir. Avec l'énergie qui lui était propre, elle ne se laissa pas absorber par son deuil, mais accomplit courageusement ses devoirs elle devint l'amie des pauvres et des malades de Ludwigslust et se chargea même de la direction d'une maison d'éducation pour de jeunes domestiques, que sa mère avait fondée vingt ans auparavant. Elle accomplit cette tâche avec la conscience qui caractérisait chacun de ses actes. En même temps elle poursuivait avec zèle ses études, et nous trouvons les traces de l'esprit qui l'animait alors dans cette lettre écrite en 1836 à son professeur.

« Bien que vous considériez que c'est offenser quelqu'un que de le féliciter pour son anniversaire, je viens aujourd'hui à vous avec l'espoir de vous convertir à ma manière de voir. J'y mets des ménagements, puisque j'ai laissé passer six jours pour ne pas vous blesser à la date même, et je compte que cette attention me vaudra le droit de vous apporter dorénavant mes vœux le 10. Cet usage nous fournit l'occasion d'exprimer à nos amis le plaisir que nous cause leur existence. Puis, sous les souhaits que nous formons pour leur bonheur pendant l'année, se cache cette pensée : Ils sont bien heureux d'avoir mis derrière eux une année de plus, car cela les rapproche de l'éternité et ils ont l'avantage de constater que le temps qui leur reste à vivre est de trois cent soixante-cinq jours plus court. Peut-être avez-vous encore assez d'amour de la vie et de courage pour ne pas penser ainsi ; quant à moi, ces deux sentiments me font souvent défaut, et je me figure que beaucoup de gens partagent ma lassitude.

» Vous serez heureux d'apprendre que je m'occupe beaucoup de cette histoire romaine qui fait bâiller les écoliers et qui remplit leurs oreilles de noms glorieux dont leur esprit ne peut pas encore saisir la valeur. Ce n'est que maintenant que j'ai appris à l'aimer et que cette époque de vraie grandeur restaure mon âme, autant du moins que peut le faire la vue d'une grandeur humaine qui n'a pas été purifiée par Dieu. La politique moderne m'occupe beaucoup aussi, mais autant que je la comprends, elle me paraît pitoyable en regard de ces temps antiques, tellement que je me demande si ce sont les époques qui font les hommes ou les hommes qui font les époques, et si nous appartenons à la même race que ces héros. »

Tandis que la princesse philosophait ainsi tranquillement, il lui survint une demande en mariage inattendue, qui devait amener un changement décisif dans son existence.

Pendant le séjour qu'elle avait fait avec sa mère malade à Teplitz, le roi Frédéric-Guillaume III de Prusse s'y trouvait également et avait été témoin de l'amour dévoué de la jeune fille pour sa belle-mère. Il n'était pas le seul à s'intéresser à la princesse. Chacun célébrait ses louanges ; le vieux roi exilé, Charles X de France, en particulier, avait pour elle une profonde affection. L'ambassadeur français à la cour de Prusse, M. de Bresson, distingua aussi la princesse ; ce fut lui qui entama plus tard des négociations matrimoniales avec Frédéric-Guillaume III.

Bientôt après apparurent pour la première fois à Berlin les deux fils de Louis-Philippe, les ducs d'Orléans et de Nemours, qui faisaient un voyage en Allemagne ; leur séjour, qui ne devait durer que peu de jours, se prolongea pendant plusieurs semaines, tant la cour, la ville et le peuple plurent aux princes et tant ils plurent eux-mêmes dans les salons de Berlin par leurs manières ouvertes et cordiales. Les rapports les plus intimes et les plus confiants s'établirent entre le roi et le duc d'Orléans, que Frédéric-Guillaume aima comme un fils. Il disait parfois qu'il regrettait de n'avoir plus de fille à donner en mariage à un prince aussi accompli. Le duc de son côté répondait à cette amitié par une affection filiale. Au moment du départ, il s'inclina devant le roi pour baiser sa main, et comme le souverain voulait l'empêcher, il sut, d'un mouvement adroit, accomplir cet acte en disant avec une grâce charmante : « Le roi mon père m'a ordonné de ne pas revenir en France sans avoir baisé la noble main qui a guéri tant de blessures faites par la guerre et la misère, et qui depuis vingt ans a procuré à l'Europe les bienfaits de la paix. » Ensuite le monarque prit dans ses bras le prince, et dès cette heure mûrit dans son cœur une pensée qui y était déjà née : celle de faire tout son possible pour que la plus noble et la plus excellente princesse qu'il connût, Hélène de Mecklembourg, devînt l'épouse du duc d'Orléans.

Les négociations que le roi noua avec l'ambassadeur ne rencontrèrent aucune difficulté à la cour de France ; la différence de religion n'empêcha même pas la pieuse reine Marie-Amélie d'accueillir avec amour une belle-fille que le roi de Prusse recommandait si chaudement, et Frédéric-Guillaume entreprit, sur la demande de Louis-Philippe, d'obtenir la main d'Hélène pour le duc d'Orléans.

Le projet rencontra des obstacles inattendus à la cour de Mecklembourg. Le frère de la princesse, le grand-duc Paul, qui aimait tendrement sa sœur, n'estimait pas pouvoir donner en bonne conscience son assentiment à ce mariage, alors que tant de reines allemandes avaient été malheureuses sur le trône de France. La princesse et sa mère souffri-

beaucoup de ces dissentiments de famille qui n'échappèrent pas entièrement au public.

Bien souvent plus tard, l'une ou l'autre de ces deux femmes auront songé à la répugnance du grand-duc et, bien que la princesse dans les jours même de ses plus dures épreuves n'ait pas regretté un instant sa décision, elle a pardonné à son père de n'avoir pas été favorable à son mariage avec l'héritier du trône de France.

Elle écrivit elle-même dans ces jours émouvants les lignes suivantes à Rennecke :

« J'ai reçu votre première lettre alors que le projet semblait abandonné. J'ai ri de vos jolies plaisanteries et n'ai pas pensé à la possibilité de les prendre au sérieux. Plus tard j'ai lu la lettre que vous avez adressée à ma mère et elle m'a beaucoup réjouie. Vous envisagez ce sujet de la même manière que moi ; vous y voyez une direction de Dieu que nous devons accepter avec courage et joie, une indication à laquelle nous ne pouvons pas nous dérober, si notre cœur n'éprouve pas une répugnance invincible. Le courage et la joie dont vous parlez, je les ai et je ne puis dire combien je suis heureuse de vous entendre parler ainsi.

» Maintenant, après huit ou dix semaines de luttes dans lesquelles tous les moyens ont été employés pour vaincre d'injustes préjugés, le moment est venu où ma mère doit agir elle-même. Paul lui a remis tous les droits, elle décidera de mon sort et conclura la chose.

» C'est un pas qui lui coûte, elle aime beaucoup Paul et trouve dur d'agir ainsi sans lui. Que Dieu lui donne la force d'accomplir la tâche qu'elle a entreprise et la soutienne à l'heure de l'angoisse. Elle a traversé à Schwerin des moments plus terribles encore ; il m'est bien dur de lui causer tant de soucis....

» J'ai souvent hésité et manqué de foi ; les voies de Dieu sont incompréhensibles ; j'ai peu de courage et je n'ai pas su regarder les souffrances qui viennent des hommes comme une épreuve envoyée par Dieu. »

Lorsque la demande officielle arriva, fortement appuyée par le roi de Prusse, la grande-duchesse donna son assentiment avec une joie complète, et il fut convenu que le mariage serait célébré à Fontainebleau le 30 mai. La répugnance du duc Paul pour cette alliance se manifesta jusqu'au dernier liment. La princesse quitta Ludwigslust, non comme la fiancée d'un prince, mais comme une simple bourgeoise. Les témoignages d'affection qu'elle reçut dans les villes et les villages qu'elle traversa, remplacèrent les démonstrations officielles. Partout sa voiture fut couverte de fleurs.

Lorsqu'elle traversa les États prussiens, elle reçut enfin les hommages qui lui étaient dus comme princesse allemande et future reine de France. Plus elle approchait de la frontière qu'elle franchit à Forbach, plus étaient nombreux les témoignages de sympathie dont le peuple entier l'accompagnait.

Rien ne peut exprimer la joie et l'enthousiasme avec lequel la princesse de Mecklembourg fut accueillie en France. Mes souvenirs d'enfance me reportent encore à sa traversée triomphale de la Lorraine et de la Champagne. Louis-Philippe avait su, pendant les sept premières années de son règne, se faire aimer ainsi que sa famille. Depuis des siècles la France n'avait pas vu régner dans le palais de ses rois une si complète intimité. Dans les hommages que le peuple entier rendait à la fiancée de l'héritier du trône, il semblait vouloir exprimer sa reconnaissance pour tout ce que les d'Orléans avaient fait pour le pays. Forbach, Metz, Châlons, furent les principales étapes de ce voyage ; c'est à Châlons qu'eut lieu la rencontre des deux fiancés. La joie qui éclata dans les yeux des deux jeunes gens, lorsqu'ils se virent pour la première fois, prouvait à chacun que leurs espérances étaient de beaucoup dépassées.

Le duc précéda la princesse à Fontainebleau, où la cour l'attendait. Elle avait déjà su gagner par sa bienveillance et sa modestie le cœur des paysans et des officiers rassemblés à Metz. A Fontainebleau, sa grâce et sa simplicité lui attirèrent d'emblée la sympathie de sa nouvelle famille. Cet amour ne s'est jamais démenti jusqu'à sa mort. Elle s'inclina respectueusement devant le roi, qui la reçut au pied du grand escalier. Elle se jeta dans les bras de la reine comme dans ceux d'une mère.

Les cérémonies commencèrent, selon l'usage, par le mariage civil dans la galerie d'Henri II. De là les invités se rendirent à la chapelle d'Henri IV, où l'évêque de Meaux, après un discours émouvant, célébra le mariage religieux.

La princesse ne se contenta pas de la cérémonie catholique. Elle avait exprimé le désir que le pasteur Cuvier lui donnât la bénédiction nuptiale d'après le rite luthérien, et si grand était l'amour qu'elle inspirait, qu'au mépris de toutes les coutumes suivies à la cour de France, sa demande lui fut accordée. Les nouveaux mariés inscrivirent leurs noms de leurs propres mains, en présence de toute la cour, dans le registre de l'Eglise de la Confession d'Augsbourg.

Tout Paris prit la plus vive part à ce mariage et chercha à réjouir la jeune princesse par d'unanimes témoignages de bienvenue. Chacun célébrait ses louanges et toutes les provinces lui envoyèrent des députations chargées de lui remettre des présents comme preuve de sympathie.

III

Une princesse allemande faisait de nouveau son entrée dans le palais des Tuileries et pour la première fois une protestante gravissait les marches du trône de France. Quel radieux avenir s'ouvrait devant la duchesse, quel bonheur sans mélange semblait devoir être son partage! Ecoutons-la raconter ses impressions à l'entrée de sa vie nouvelle.

Trianon, 7 octobre 1837.

« Les dispositions sympathiques que j'ai rencontrées en France sont une grande bénédiction. Il m'a été facile de prendre racine ici et d'être heureuse, non seulement par mes rapports avec une famille où je trouve sages conseils, amour dévoué et nobles exemples, mais aussi par ceux que j'entretiens avec le peuple. Le bonheur à mes yeux est ce qui favorise le développement de l'être intime et l'épanouissement de nos meilleures facultés. L'atmosphère qui m'environne est une des plus favorables pour mûrir l'âme et l'intelligence.

» Joies du cœur, confiance dans les rapports de famille, abondance d'intérêts, éléments de vie pour l'esprit, tout se réunit pour rendre mon existence particulièrement bénie.

» Le duc m'a chargée de vous assurer qu'il considère ma foi et mes convictions religieuses comme le trésor le plus précieux qui lui ait été confié ; rien ne lui serait plus pénible que de me les voir rétracter, car la fermeté de ma foi est pour lui une garantie de celle de mon caractère. Il respecte mes convictions et me facilite de toute manière l'accomplissement de mes devoirs religieux. »

Mlle Nancy Salomon, qui passa une partie de l'hiver auprès de la duchesse, raconte de son côté de quelle manière celle-ci avait compris sa nouvelle position.

« La duchesse est toujours la même, plus aimable, plus simple encore que par le passé, pleine de sagesse dans ses actions. L'opinion publique la place très haut ; elle seule ne se doute pas du bien qu'elle accomplit. Elle fait dans tous les domaines de rapides progrès : Kalkbrenner lui donne des leçons de musique, Michelet lui fait un cours fort intéressant sur l'histoire de la ville de Paris. »

Le 24 août 1839, la duchesse mit au monde un fils, le comte de Paris, dont la naissance porta son bonheur à son comble.

« Etre un seul jour *sa* femme, être un seul jour la duchesse d'Orléans, puis mourir. » Tel avait été le vœu exprimé par elle pendant les jours difficiles qui avaient précédé ses fiançailles. Elle avait obtenu plus qu'elle n'osait espérer, elle avait atteint la plénitude du bonheur terrestre.

Aurait-elle voulu mourir alors ? Nous trouvons, dans ses lettres au pasteur Rennecke, l'expression des sentiments intimes de son cœur à cette époque.

« Qu'il est beau, qu'il est grand d'être mère ! Par moment cette idée me saisit avec une puissance spéciale. Quelle responsabilité pèse sur les mères ! Il faut bien que Jésus la partage avec nous, car nous serions trop faibles pour agir seules. Il doit nous diriger, nous conduire et nous inspirer ce que nous devons faire. Le cœur d'une mère est une source de douleurs.... »

« Mon petit garçon est plein de charme et de fraîcheur, il est gai comme une alouette et il a un petit cœur très aimant. La première figure qu'il a reconnue avant celle même de sa nourrice, c'est celle de son père. Maintenant il nous connaît tous et se trouve très bien avec moi. Je ne me sépare de lui qu'à six heures ; à ce moment on le couche et je me mets à table. Il sera, je crois, un enfant sensible et bon et, avant que ses dispositions masculines se manifestent, je m'appliquerai à ménager chez lui ces cordes délicates, souvent muettes pendant le bas âge, mais qui, si elles sont froissées à ce moment de la vie, ne vibrent plus ensuite. »

Elle reconnaissait humblement que son cœur était trop faible pour saisir la plénitude de son bonheur. Ce sentiment augmentait son désir de rendre heureux le peuple auquel elle appartenait désormais. Elle s'aperçut bien vite qu'il lui serait facile de gagner, par son influence personnelle, de chauds partisans à la nouvelle dynastie, mais elle évita avec tact tout ce qui aurait donné une trop grande prépondérance à la famille du prince héritier, et sa vie extérieure se régla sur celle de ses jeunes belles-sœurs. Il lui avait fallu peu de temps pour gagner tous les cœurs dans sa nouvelle famille. Une réelle intimité n'avait pas tardé à s'établir entre elle et les parents de son mari. Les frères et sœurs du duc l'aimaient et l'estimaient comme si elle eût été la fille aînée de la maison, et ces liens se resserrèrent à mesure que les temps devenaient plus sérieux et la tâche commune plus difficile.

La vie que menait la jeune princesse aux Tuileries était bien faite pour développer ses qualités et la rendre toujours plus chère à son entourage. Il était d'usage dans la maison d'Orléans que les fils mariés restassent chez leurs parents pour maintenir par leur présence l'unité de la famille et des opinions politiques. Les jeunes duchesses (une autre princesse allemande, Victoria de Saxe-Cobourg, l'épouse du duc de Nemours, avait rejoint en France la duchesse Hélène), passaient leurs matinées dans la chambre de la reine ; chacune d'elle avait sa table et s'occupait d'études, de lectures et d'ouvrages à l'aiguille. Le roi se joignait volontiers à ce groupe féminin, toutes les fois que ses affaires le lui permettaient. Il écoutait la lecture des journaux ou se faisait jouer et chanter ses airs favoris. Le soir, toute la famille se réunissait autour de la table du thé, où les questions les plus importantes de la politique, de la littérature, de l'art et de la religion étaient débattues par des hommes distingués. La princesse remplissait tous les devoirs de sa position avec sa simplicité habituelle. Elle ne perdit jamais la paix intérieure. Se réjouissait-elle vivement de quelque chose, son âme élevée la mettait au-dessus du danger de la dissipation. Cet esprit de discipline se montra clairement un jour où, avant de se rendre à un bal masqué, au pavillon de Marsan, elle fit venir une fidèle amie et lui demanda si ce n'était pas mal de prendre part à un tel divertissement. Cette élévation d'esprit lui permit d'assister, sans éprouver aucun mal, aux plus brillantes fêtes de la cour de 1838 à 1841, dont sa jeunesse, sa beauté, son amabilité étaient le principal ornement. L'éclat des fêtes était rehaussé par tout ce que l'art et la science peuvent offrir de meilleur. Il ressort néanmoins des lettres de la duchesse qu'elle ne fut pas un instant fascinée par les splendeurs du monde et qu'elle sut résister aux atteintes de la vanité et conserver intact le trésor de sa foi.

Dans l'année 1839, la princesse fit avec son mari un voyage dans le sud de la France. Le duc partait pour Alger, afin de prendre part aux opérations militaires, comme il l'avait fait dans sa première jeunesse. La duchesse l'accompagna jusqu'à Port-Vendre, enchantant par son amabilité les populations des contrées qu'elle traversait. Elle dut retourner seule à Paris, et ce fut là le premier nuage dans son existence si heureuse. Le duc, après son retour, dut renoncer à se consacrer à elle comme il l'avait fait au début, car les affaires publiques accaparaient de plus en plus son temps et ses forces. La duchesse souffrait de ce changement, mais elle était heureuse néanmoins de constater le rôle toujours plus grand que son mari jouait dans les affaires publiques. Voici ce qu'elle écrivait à cette époque :

« Chaque jour les occupations du duc augmentent ; je dis cela avec un sentiment de bonheur et de tristesse tout ensemble, car je suis maintenant fort séparée de lui, mais j'ai pour lui de l'ambition, et lorsque je vois combien tout lui réussit, comment le roi lui confie de jour en jour des charges plus importantes et qui lui tiennent plus à cœur ; je suis fière de lui et ce sentiment me dédommage parfois de son absence. »

La naissance de son second fils, le duc de Charnée le 9 novembre 1840, mit le comble à son bonheur terrestre. L'amour maternel remplissait son cœur ; elle consacrait à ses enfants tous les moments dont elle pouvait disposer.

« Elever des petits enfants, écrit-elle à Rennecke, est une tâche digne des anges. Je sens très vivement combien il faut de sérieux, de piété, de douceur pour présider au développement de ces jeunes âmes. Jusqu'à présent cette occupation est facile et Dieu m'a aidée. C'est sur lui que je me repose, lorsque je pense à l'avenir, à ces années pendant lesquelles je devrai confier mes enfants à des mains étrangères, au moment où ils devront être associés à des camarades désobéissants et indisciplinés qui leur donneront de mauvais exemples. Oh! quelle angoisse remplit mon cœur à cette perspective, et combien je supplie le Seigneur de susciter dans ce pays un homme qui, nouveau Fénelon, conduira mes fils à Dieu et les préparera à leur vocation future avec la sagesse d'en haut! Paris aime la musique et je réussis souvent à le calmer par ce moyen. Il a aussi une prédilection pour les oiseaux et pour les fleurs. Je cherche à l'environner le plus possible des œuvres de Dieu pour qu'il en jouisse avant d'avoir entre les mains les hochets dorés des hommes.

» Mon petit Robert semble avoir un caractère plus vif, plus gai, mais aussi plus violent que son frère, qui est remarquablement doux et réfléchi. C'est une grande bénédiction que ce second fils qui m'a été accordé ; c'est un nouveau devoir, un nouvel appel à la fidélité, à la prière, mais aussi une grande joie de plus. Une nouvelle âme m'est confiée, elle est d'un grand prix devant Dieu....

» Dans ce moment-ci une des questions les plus importantes de l'éducation s'impose à mes réflexions. Comment donner aux enfants les premières notions religieuses ? Je suis partagée entre différentes manières de voir : d'une part je me sentirais poussée à faire connaître de bonne heure aux enfants Dieu, son amour, sa bonté, à leur raconter les récits bibliques pour développer en eux les pensées sérieuses ; d'autre part je sens qu'il faut être très prudente dans ce domaine, ne pas imposer la prière comme une œuvre d'obéissance, afin de ne pas en fausser la notion dans l'esprit de l'enfant. Voici comment j'ai agi jusqu'ici. Depuis que mon fils sait parler, il fait, matin et soir, sa prière sans y rattacher des idées gieuses précises. Dans nos conversations je cherchais à éveiller en lui la notion du bien et du mal et développer sa conscience. Je lui ai raconté l'histoire de la chute qui a entraîné l'expulsion de l'homme hors du paradis terrestre, puis je lui ai parlé du Christ qui nous délivre du châtiment lorsque nous l'aimons. C'est ainsi que j'ai rattaché la foi au Sauveur aux appels de la conscience.

» Bien que ses sentiments religieux soient encore très vagues, comme du reste toutes ses autres impressions qu'il n'aime pas à communiquer, il m'a néanmoins écoutée avec une grande attention.

» Au bout de peu de semaines je m'aperçus que le pauvre petit, après ses moindres fautes, était en proie à des angoisses de conscience. Par exemple, lorsqu'il mangeait du sucre à la dérobée, acte défendu par moi, mais toléré par sa nourrice, il s'écriait : « Non, je ne veux pas, je ne veux pas ! » Et alors se livrait en lui une lutte qui fatiguait sa raison et affaiblissait sa volonté. Il avait une grande envie d'être sot, mais il ne voulait pas s'y laisser aller. Il était malheureux des reproches qu'il se faisait et n'avait ni la force ni le désir de surmonter sa mauvaise humeur.

» J'ai dès lors cessé de lui raconter des histoires bibliques ; il se borne à faire sa prière et je lui parle de l'amour et de la bonté de Dieu, mais il est toujours embarrassé lorsqu'il est question de cela et il détourne la conversation.

» Aurais-je développé trop tôt sa conscience ou y aurait-il là chez lui une marque de faiblesse? Ceci me donne du souci, car développer le caractère, lui donner de l'indépendance et de la fermeté, est le but suprême de l'éducation. Un homme sans volonté est semblable à une vague poussée çà et là par le vent.

» Les perplexités qui nous assaillent lorsque nous contemplons les enfants, doivent nous pousser à la prière ; elles deviennent ainsi nos meilleures institutrices ; car nous nous trompons bien moins lorsque nous demandons chaque jour le secours et la sagesse que lorsque nous essayons auprès des enfants nos systèmes et nos méthodes. Je reconnais chaque jour davantage que nous devons nous garder d'avoir des plans trop arrêtés et que partout où il y a la vie, doit régner la liberté, je dirais presque l'arbitraire. Avec ma petite philosophie qui se montre dans toutes les circonstances, je regarde les choses de [illegible] fait, mais souvent d'une manière fausse, et je passe ici pour la personne la moins pratique du monde. Je sens profondément que la meilleure manière d'amener les enfants au Sauveur est celle qu'il a adoptée lui-même : les appeler, les aimer et les bénir. Ceci est facile lorsque notre cœur est ferme et droit, car la fermeté et la droiture nous donnent de la clarté, et alors nous voyons si une exhortation sérieuse et attrayante à la fois est à sa place. Nous devons avoir reçu l'onction sacerdotale avant d'entreprendre la sainte tâche de l'éducation et nous devons nous sanctifier par amour pour nos enfants. »

L'esprit élevé et sérieux de la duchesse d'Orléans ne pouvait pas se trouver en contact avec une phalange nombreuse de savants et d'artistes distingués sans être préoccupé de graves questions. La philosophie, la politique, l'art et les sciences, les choses sacrées et les choses profanes lui inspiraient le plus vif intérêt. Avec sa droiture enfantine, elle soumettait toutes ces questions importantes à son pasteur.

« Jouffroy est pour l'heure le philosophe français le plus célèbre. Je ne connais pas encore son système et je crois, du reste, que nous avons rarement en France des systèmes bien établis, car la vivacité et l'objectivité de l'esprit français, le vacillement des opinions politiques qui est général, nuisent à la fixité de la pensée. Jouffroy est député, la politique l'absorbe et lui prend du temps. Nos savants sont tous, comme des marmottes endormies pendant six mois, indifférents à tout ce qui n'est pas la chose publique. En outre, nos penseurs sont moins profonds que les Allemands ; ils ne s'absorbent pas dans un point spécial, parce que le patriotisme joue le rôle principal dans toute l'organisation française et que l'ambition de servir son pays ou d'être admiré par lui élargit le cercle des pensées, chasse l'intimité, mais empêche aussi l'étroitesse.... »

La duchesse nous montre sa profonde compréhension du caractère français dans le passage suivant, où elle parle de l'homme qui devait jouer un rôle si important dans les destinées de la France et qui, comme elle le prévoyait, ne devait pas être favorable à la maison d'Orléans.

« Quel talent le petit Thiers n'a-t-il pas montré dans son *Histoire de la révolution !* Il a vraiment beaucoup d'esprit, beaucoup de facilité de conception et beaucoup de courage, de ce courage politique qui manque entièrement à notre nation, si brave, en revanche, sur les champs de bataille ; mais l'esprit de Thiers est mal équilibré, sa conception souvent fausse, son courage intermittent. Il lui manque ce jugement sain, cette volonté ferme et persévérante, qui accomplit malgré les obstacles ce qu'on croit être bien. Il lui manque encore la prévoyance qu'un homme d'Etat doit posséder, ainsi que le respect de lui-même. Il s'est laissé attirer dans un triste marécage dont il ne peut sortir et qui menace toujours plus son existence morale. Maintenant qu'il ne sert plus sous notre drapeau, il est un ennemi dangereux ; il doit être pour ou contre nous, étant trop en vue pour passer inaperçu. La politique joue chez nous un rôle prépondérant ; il est impossible de lui consacrer seulement la moitié de ses forces, quoique chaque jour on l'aime moins et qu'elle jette un voile sombre sur toute la vie. »

« Comment, dit-elle ailleurs, un chrétien qui a une haute position sociale et des fonctions qui le mettent très en vue, peut-il faire concorder la loi divine et la sagesse mondaine ? Comment peut-il, par exemple, comme homme d'Etat, mettre d'accord la morale évangélique qui prêche avant tout l'humilité et le pardon, avec les devoirs politiques qui remplacent l'humilité par l'amour-propre, la bonté par la force, la droiture par la ruse et l'amour du prochain par un étroit patriotisme ?

» La sagesse que nous acquérons par le frottement avec d'autres Etats qui suivent les lois les plus machiavéliques nous met à la main des armes réprouvées par notre sens moral. Il est difficile de concilier les intérêts terrestres et les intérêts éternels, de laisser régner Dieu dans nos cœurs et d'observer dans la pratique les lois courantes de la politique. Bien que je sois, Dieu merci, loin d'avoir de l'influence sur les événements, je suis bien près de ceux qui en décident et ils me tiennent fort à cœur. J'ai souvent remarqué combien les actions inspirées par une haute loi morale peuvent être préjudiciables à une nation et combien, au contraire, la parole, *œil pour œil et dent pour dent*, est le mot de passe généralement admis. Comment une mère ne se tourmenterait-elle pas quand elle songe à son fils et aux possibilités que lui réserve l'avenir, quand elle voit qu'un chrétien ne peut pas conduire les affaires du monde et que dans l'éducation deux éléments opposés doivent exister : la sagesse terrestre et une haute morale ou plutôt l'Evangile.

Le chef de l'Etat doit suivre deux routes, celle de l'amour et de la foi pour sa vie intérieure, celle d'une morale de ruse et de dissimulation pour ses actes. C'est inadmissible, mais je me sens dans un labyrinthe d'où je ne puis sortir ; je souffre du conflit de ces pensées, je sens la lutte des deux éléments, et comme j'ai le désir de vivre dans l'harmonie, je répète ceci : Comme je ne peux pas diriger le monde à mon gré, il faut carguer mes voiles.

» Mais ce sont des pensées passagères, des pensées de faiblesse qui ne durent pas. Je veux croire que les maximes du monde périront un jour. »

Si les choses de la terre excitaient à un pareil degré l'intérêt de la duchesse, celles qui touchaient aux vérités éternelles éveillaient encore bien davantage sa sympathie. C'étaient celles-là avant tout que son esprit aimait à sonder. Elle ne pouvait s'en tenir à ce qui lui venait des autres, elle contrôlait par une recherche personnelle et consciencieuse les vérités qui lui avaient été enseignées, afin d'arriver à une lumière toujours plus grande. Les impressions diverses qu'éveillaient en elle sa vie nouvelle et son entourage mettaient encore une fois ses convictions religieuses à l'épreuve. Ses lettres à son pasteur témoignent de luttes nombreuses. Quant aux doutes que la sagesse du monde avait pu lui suggérer, le Seigneur les fit disparaître, lorsqu'il fit passer son enfant dans le creuset brûlant d'où l'or pur devait sortir.

« J'ai eu de tous temps une double nature, écrit-elle. Je la redoute, car elle m'enlève la simplicité du jugement et le bonheur de la vie. C'est un véritable tourment, mais je dois le supporter et après avoir entendu les deux voix contradictoires qui parlent à mon cœur, étudié les deux faces d'une question et pesé le pour et le contre, il faut savoir prendre une prompte décision. On dit que ce sont les gens intelligents qui souffrent de cette difficulté. Je ne crois pas être particulièrement intelligente, et si je pouvais, en ayant un esprit plus borné, acquérir un jugement plus solide et une conviction inébranlable, je l'accepterais volontiers. »

« Cousin a publié des études littéraires, une entre autres sur Pascal ; il a trouvé dans le manuscrit des *Pensées*, qui a été publié avant lui d'une manière très imparfaite, des preuves du scepticisme de Pascal comme philosophe.

» Pascal a sans doute dit du mal de la philosophie, parce qu'elle ne communiquait pas la connaissance de Dieu à son âme. D'autres ont été plus loin encore, entre autres Nicole et Arnaud.

» J'ignore où en est la philosophie en Allemagne, depuis que les jeunes écrivains repoussent cette base de notre esprit national et parlent ironiquement des maîtres. Je vois maintenant l'Allemagne à travers une lunette française. Taillandier, un jeune auteur qui a beaucoup étudié mes compatriotes, fait sur eux d'intéressants travaux. »

L'histoire de l'Eglise évangélique de France et particulièrement de l'Eglise luthérienne de Paris, dont elle était un membre fidèle, excitait chez la princesse un intérêt particulier. Tous les dimanches, lorsqu'elle se trouvait dans la capitale, elle prenait part au culte, dans la chapelle des Billettes ou de la Rédemption ; elle s'occupait avec zèle soit des œuvres dirigées en commun par les pasteurs réformés et luthériens, soit de celles qui étaient créées dans la communauté allemande. La maison des diaconesses en particulier, fondée à cette époque par les pasteurs Vermeil et Vallette et qui eut à lutter contre une véritable tempête de préjugés, trouva en elle une amie dévouée ; elle la soutenait en toute occasion par ses paroles et ses actes. Elle s'intéressa également aux efforts des pasteurs Verny et Meyer pour grouper les membres de l'Eglise luthérienne et les Allemands établis à Paris. Les questions ecclésiastiques qui, il y a trente ou quarante ans, émurent la France et la chrétienté toute entière excitèrent sa vive sympathie et lui suggérèrent mainte réflexion.

« Il y a eu dernièrement une réunion des différentes sociétés religieuses, écrit-elle à Rennecke, et beaucoup d'ecclésiastiques ont discuté la séparation de l'Eglise protestante de l'Etat ; les divisions au sein de notre communauté sont considérables et je constate avec regret que la seule force, celle de l'unité, nous fait défaut : ceci est beaucoup moins le cas dans l'Eglise catholique. Ce triste état de choses nous fait tourner les yeux plus haut ; je me dis que la force réside, non dans l'unité extérieure, dans la constitution du troupeau, mais dans la foi de ses membres. Notre Eglise ne doit pas être politique, mais toute spirituelle, néanmoins j'envisage avec appréhension la séparation de l'Eglise et de l'Etat, parce que, par cette cohésion extérieure, par l'Eglise terrestre pour ainsi dire, beaucoup d'âmes sont amenées à la foi et qu'il y a là une protection pour elles.

» Nos deux pasteurs Verny et Meyer, que le Consistoire a choisis pour attirer de nouveau des auditeurs dans les temples où personne n'allait plus, ont beaucoup d'ennemis, car ce sont des hommes extrêmement sérieux.

» A Zurich, nous avons eu une preuve réjouissante de l'intérêt qu'on porte à l'Ecriture sainte. Dieu veuille que Strauss soit aussi haï en France qu'en Suisse. Son livre a été traduit et a produit plus d'effet que je ne croyais. »

« Les temps deviennent toujours plus sérieux, dit-elle dans une autre occasion, et les questions religieuses se dissimulent sous un déguisement mondain, mais je crois que le Seigneur qui dirige à la fois les consciences et les mondes, purifiera son Eglise, qui est la communauté de ses saints de toute dénomination. Elle échappera à la défiance des partis, car la lutte lui prouvera qu'elle n'appartient ni aux uns ni aux autres et que son royaume n'est pas de ce monde. Malgré cela, nous devons garder notre terrain pour rester fidèles à la manifestation extérieure de notre foi qui tient à cœur plus ou moins à chacun de nous, parce que nous y avons trouvé l'expression de nos convictions.

» Je veux demander sans cesse à Dieu de fortifier dans mon cœur la foi à l'Eglise invisible et de ne pas permettre que les formes extérieures prennent la place de la vie spirituelle. On me regarde de travers dans le pays ; ma conduite a poussé les uns à la contradiction et a réveillé plus d'une espérance chez d'autres. Mais Dieu m'a mise en sûreté dans mon cercle intime où je trouve un fidèle et fort appui dans celui qui me tient de plus près et un silence discret dans le reste de la famille. »

En écrivant ces derniers mots, la duchesse abordait un sujet qui touchait aux questions les plus délicates de sa vie. La pensée que la future reine, l'éducatrice du prince héritier, était une protestante, effrayait bien des gens. La pieuse reine Marie-Amélie avait elle-même eu de la peine à se faire à cette idée et, si elle y parvint, ce fut parce que sa belle-fille, malgré la différence de leur religion, avait avec elle une base commune de convictions chrétiennes ferventes et de piété. On ne manqua pas, dans quelques milieux, de faire entendre que ce serait un devoir d'influencer la princesse pour qu'elle se fît catholique. Certaines personnes conservaient l'espérance que cela arriverait tôt ou tard.

La duchesse ignora ces bruits et fut préservée des cabales de l'ultramontanisme par l'amour de sa famille et par la fermeté de sa foi dans l'Evangile. Elle n'a jamais entendu un mot de nature à blesser son sentiment religieux.

« Je veux, dit le roi lui-même un jour en accentuant ces mots devant un cercle nombreux, *je veux* que mes petits-fils soient catholiques, mais je ne permettrai jamais que la religion de ma belle-fille soit l'objet de négociations diplomatiques ; c'est une chose entre elle et Dieu, et elle n'entendra jamais là-dessus un mot qu'elle n'ait pas provoqué. »

Ainsi protégée, la princesse protestante poursuivit tranquille sa route, en pleine possession de son bonheur, jusqu'au moment où la main de Dieu la précipita de ces hauteurs ensoleillées dans le profond abîme de la douleur.

IV

Les années qui s'écoulèrent pour la duchesse jusqu'au commencement de 1842, passèrent comme un heureux songe. De tous côtés on faisait appel à son amour, et elle-même était profondément aimée. Peu de femmes eurent autant de sujets de joie qu'elle. Son mari l'entourait d'une tendresse confiante et protectrice ; ses enfants se développaient de la manière la plus satisfaisante. Elle poussait, en outre, des racines toujours plus profondes dans le cœur d'un peuple qui honorait en elle l'idéal de la femme et qui s'abandonnait sans arrière-pensée à son influence bienfaisante. La duchesse d'Orléans, en un mot, semblait appelée à passer sa vie sous les chauds rayons du bonheur terrestre.

L'année 1841 lui avait apporté de nouvelles bénédictions, qui avaient rempli son cœur de reconnaissance envers Dieu. Son mari avait été sérieusement malade après son retour d'Afrique, mais il s'était vite remis, grâce à ses soins, et elle avait pu goûter pleinement la joie que lui causait cette guérison, dans un voyage fait avec lui dans le sud de la France. Elle songeait aussi avec gratitude à la délivrance miraculeuse du roi, qui avait été bien près de la mort dans un des nombreux attentats dirigés contre lui à cette époque. Il semblait que, par ces bénédictions, Dieu voulût lui montrer que les meilleurs biens terrestres sont passagers, et lui apprendre que nous devons nous réjouir comme ne nous réjouissant pas, posséder comme si notre possession pouvait nous être enlevée en tout temps.

Elle parlait souvent avec une certaine inquiétude de ce bonheur exceptionnel. Son sort lui paraissait trop beau et elle redoutait que de sombres nuages ne vinssent bientôt projeter leur ombre sur sa route. Elle ne perdait jamais de vue le sérieux de la vie et la pensée de la mort. Après une visite à Dreux, où elle avait, pour la première fois, visité les tombes de la famille d'Orléans et où elle avait surtout été impressionnée par la vue de celle de la princesse Marie, elle écrivait :

« J'ai vu la tombe de ma pauvre belle-sœur ; j'ai

vu les voûtes qui nous réuniront tous un jour, les lieux où tant de larmes seront versées, où les miennes couleront peut-être longtemps avant que mes os y reposent. Toutes ces pensées m'ont laissé une impression profondément sérieuse, mais elles m'ont poussée aussi à me remettre de nouveau, avec une pleine confiance, dans les mains du Seigneur. »

L'année 1842, qui devait porter le coup de mort au bonheur de la duchesse, commença pour elle dans le deuil. Au mois de mars de cette année-là, mourut son frère, le grand-duc Paul de Mecklembourg, et cette perte lui causa une vive douleur. Depuis longtemps, les dissentiments qui s'étaient produits entre le frère et la sœur, à l'occasion du mariage de cette dernière, avaient été oubliés. Elle avait travaillé de toutes ses forces à établir entre son ancienne et sa nouvelle famille des liens d'amitié et de confiance, et réussi à faire disparaître les préjugés qui régnaient en Mecklembourg contre la maison d'Orléans.

Cette mort inattendue la frappa cruellement, et les suites de l'ébranlement moral qu'elle subit alors se manifestèrent par l'altération de sa santé, jusque-là si brillante. L'affection de sa famille fut pour elle une grande consolation. Au printemps, elle s'établit avec son mari et ses enfants dans une belle villa, près de Neuilly, tout près du palais habité par le roi et la reine, et suffisamment séparé d'eux pour lui procurer un repos complet. L'air de Neuilly et la vie qu'elle y menait eurent sur elle une action bienfaisante. Elle jouissait comme un enfant du plaisir que procuraient à ses fils les fleurs et les beautés de la nature. Néanmoins les médecins insistèrent pour qu'elle fît une cure et, à son grand regret, elle dut se décider à quitter les siens et à aller passer quelques semaines à Plombières.

Le duc la conduisit lui-même à sa nouvelle résidence. Il avait l'intention de revenir peu après la chercher, pour faire avec elle un voyage dans les Vosges et un séjour à Strasbourg. La duchesse se réjouissait fort de cette excursion, et cette agréable perspective l'aida à prendre son parti de la séparation. Le couple princier devait traverser le Steinthal et voir la cure et la tombe du pieux pasteur Oberlin, dont l'élève de Schubert avait souvent entendu parler. Elle écrivait à une amie : « Là, nous voulons *oberliniser* à notre aise, le duc et moi[1]. »

[1] En français dans le texte.

Elle devait passer près du Rhin où, pour la première fois, elle reverrait le territoire allemand et l'antique cité vers laquelle l'attiraient tous les sentiments poétiques de son cœur, et où l'attendait un accueil comme jamais princesse française n'en avait reçu.

Je me souviens encore de l'agitation produite par le projet du couple princier. Ce n'était pas un enthousiasme de commande ; une profonde sympathie pour la jeune duchesse pénétrait toutes les couches de la société ; ce courant, né au sein de la bourgeoisie, profondément attachée à la foi réformée, entraînait les catholiques eux-mêmes.

Ce beau rêve ne devait pas devenir une réalité. Un étrange pressentiment avait déjà saisi le duc, lorsqu'il avait quitté Paris avec la duchesse. Ils traversaient ensemble une rue conduisant au cimetière Montmartre. Dans les magasins qui la bordaient, on ne voyait que des cercueils, des couronnes mortuaires et des monuments funèbres. La duchesse, effrayée, se tourna vers son mari, en lui disant :

— Combien est pénible cette exhibition d'objets funéraires. Toutes les douleurs semblent prévues.

Il y a là des couronnes pour les jeunes, pour les vieux et, ajouta-t-elle avec des larmes dans les yeux, même pour les enfants.

— Pas pour des enfants seulement, ajouta le duc ; qui sait si, parmi ces couronnes d'immortelles, il n'y en a pas une préparée pour un homme de trente-deux ans !

L'événement tragique qui, peu de jours après, fit de ce pressentiment une réalité, est présent à toutes les mémoires. Le 7 juillet, le duc avait quitté sa femme après l'avoir établie à Plombières et l'avait confiée, comme son plus précieux trésor, à la population de cette localité. Six jours plus tard, le 13, allant de Paris à Neuilly, ses chevaux s'emportèrent, et il sauta de la voiture d'une manière si malheureuse, qu'il fut relevé évanoui et transporté dans une petite échoppe du voisinage, où il mourut peu d'heures après, sans avoir repris connaissance.

La princesse avait fait le 14, par un splendide après-midi de dimanche, une excursion à Gérardmer, ravissante vallée des Vosges. Là, elle était entrée chez des paysans, qu'elle avait laissés ravis de sa cordialité et de sa simplicité. Elle rentra tard à l'hôtel et se hâta de changer de vêtements avant le dîner, auquel elle avait convié plusieurs personnes. En ce moment, le général Baudrand, qui l'accompagnait, reçut une dépêche de Paris, ne contenant que ces mots terribles : *Le duc d'Orléans est mort*. Une dame d'honneur, Mme Montesquiou, fut d'abord informée de la chose. On consulta le préfet et le médecin. Tous ensemble composèrent une seconde dépêche qui n'annonçait à la duchesse qu'une maladie grave et subite de son mari. La princesse sortit souriante de son appartement. En voyant les visages consternés de son entourage, elle eut le pressentiment d'un événement grave. Sa première pensée fut qu'il était arrivé quelque chose à la famille de sa dame d'honneur. Celle-ci se taisant, son angoisse augmenta.

— Est-il arrivé malheur au roi ? Mes enfants sont-ils malades ? Le duc a-t-il eu un accident ? demanda-t-elle.

Alors ses fidèles amis lui montrèrent la dépêche qu'ils étaient censés avoir reçue. Ses premières paroles, après un moment de violente émotion, furent :

— Mon Dieu ! il est mort, je le sais, dites-le moi.

Puis, tombant à genoux avec un grand cri, elle concentra toute son âme en une prière dont son entourage ne saisit que ces mots, entrecoupés de sanglots : « Seigneur, ne permets pas qu'il meure ! Aie pitié de moi ! Tu sais que je ne puis pas lui survivre. »

Elle se releva fortifiée, relut plusieurs fois la dépêche et dit avec fermeté :

— Nous partirons ce soir pour Paris. Le duc sera peut-être guéri quand j'arriverai. Peut-être me grondera-t-il d'être revenue si vite, mais je me laisserai bien volontiers gronder par lui.

Alors commença un voyage douloureux, dans la sombre nuit, sur les routes interminables. Muette, la population de Plombières entourait la voiture. On passa sous les arcs de triomphe qui avaient été élevés, peu de jours auparavant, pour fêter l'arrivée du couple princier. Les fleurs fanées parlaient du peu de durée des choses humaines et ressemblaient à des couronnes mortuaires. A Epinal, la foule remplissait les rues, mais ne poussa pas un seul cri. Le général qui commandait la place, vint à la portière de la voiture. La duchesse n'osa lui faire aucune question, mais elle lui dit seulement :

— Je retourne à Paris.

Et le fidèle serviteur du roi s'éloigna en silence pour cacher ses larmes.

Peu avant minuit, on signala sur la route un courrier qui semblait venir de Paris. La duchesse fit arrêter les chevaux. Son entourage voulait l'empêcher de descendre, mais elle avait reconnu le médecin de la famille royale. Elle se précipita sur lui avec un cri déchirant.

— Docteur Chomel, le duc ?

— Le duc est mort.

Elle sut ainsi d'un seul coup l'entière vérité. Elle apprit que le prince n'avait dit que deux mots en allemand comme dernier témoignage de son amour pour sa femme, et avait expiré dans les bras de ses parents désolés.

Après avoir suivi la duchesse sur sa voie ensoleillée, embellie par toutes les jouissances grandes et nobles, après l'avoir vue comblée de tout ce que peuvent offrir la bonté de Dieu et l'amour des hommes, notre regard s'arrête sur la route solitaire où, par une nuit profonde, elle est à genoux, désolée, dans une voiture, versant des larmes amères, causées par une épreuve exceptionnelle. Les personnes de sa suite se sont placées en silence sur les marchepieds. Leur douleur est muette ; elles n'osent pas y donner essor à l'ouïe des prières et des gémissements qui sortent de la voiture. Ainsi se passe une heure. Enfin l'aube blanchit.

— Quel jour se lève pour moi ! s'écrie la duchesse, et quel coup pour notre pauvre France qu'il aimait tant et comprenait si bien !

A quatre heures du matin, elle rencontra ses belles-sœurs qui venaient au-devant d'elle ; elle voyagea encore avec elles un jour et une nuit, et arriva à Neuilly le 16. La triste joie de revoir le visage de son mari lui fut refusée. Ce fut auprès d'un cercueil fermé que le roi et la reine l'accompagnèrent en silence. Nul ne peut savoir combien la noble femme a souffert dans ces heures terribles, nul n'a connu le secret de ses luttes intimes, de ses cris vers Dieu, et des réponses qu'elle en a reçues. Ceux qui la revirent après ces jours de détresse furent effrayés de la fixité de son regard et de la pâleur de ses traits. Toute trace de vie semblait éteinte en elle. Elle était comme étourdie, mais, chose étonnante, sa santé n'en souffrit pas, et elle put, sans s'accorder de repos, se vouer à l'accomplissement des devoirs qu'elle était dès lors seule à accomplir.

Dieu, pour la sanctifier, la faisait passer par une terrible école. Elle se soumit et le laissa agir en elle, sentant qu'il voulait la bénir par cette épreuve même. La lettre suivante, adressée à Rennecke, témoigne de cette disposition :

Château d'Eu, septembre 1842.

« Jusqu'ici je ne vous ai pas écrit, et maintenant encore je ne puis trouver aucune parole capable d'exprimer ce que je sens. Je n'ai rien à dire lorsque je suis devant ceux qui me connaissent et qui sondent ma douleur ; je ne sais que pleurer, et les larmes sont muettes. Je ne puis que me soumettre et me taire. Je crois que Dieu me consolera, mais je ne l'ai pas encore éprouvé. Silencieuse et brisée, je me tiens devant mon Maître et n'ai pas même toujours le sentiment de sa présence ; je reste parfois froide et sèche sous le coup de l'épreuve et je n'en sens pas la bénédiction. Mon bonheur est détruit et cette rude école n'a pas brisé mon cœur ; je lutte en désespérée pour trouver la perle de grand prix, qui seule m'est maintenant indispensable.

» La perte que j'ai faite est pour moi comme une mort anticipée. Veuille le Seigneur que ma nature pécheresse meure maintenant de la même manière et que, par le renoncement à ce que j'avais de plus cher, je parvienne à la possession de la vie cachée avec Christ. Oh ! que ce fruit béni soit produit en moi ! Que j'appartienne au Seigneur, tout entière et pour toujours ! Il est difficile de se donner complètement à Celui qui vous a tout pris ; cela est impossible au cœur naturel, car il se révolte involontairement contre la volonté de Dieu et demande sans cesse pourquoi.

» Une voix secrète et grave se fait bien parfois entendre pour imposer silence à ces pourquoi, mais elle ne parle pas assez fort et ne pénètre pas l'âme tout entière. La présence de ma mère m'est en ce moment d'un grand secours, mais elle est si accablée et abattue, qu'elle aussi aurait besoin de consolations. Mes fils prospèrent au milieu des larmes et sourient sous leurs vêtements noirs. Paris a pleuré avec moi, mais, malgré cela, son cœur est joyeux, et cette jeune et fraîche vie forme un contraste poignant avec le sentiment de mort qui remplit mon âme. Je sens les devoirs que j'ai vis-à-vis de lui et de son frère. Ils me rattachent à la vie et m'imposent le silence lorsque je demande à Dieu la mort. Que Dieu soit avec vous et avec votre désolée

» HÉLÈNE. »

Il n'était pas facile à une nature comme celle de la duchesse d'apprendre l'obéissance, de suivre avec foi la voix du Seigneur et de se courber sans douter sous la main qui la châtiait. Elle avait un caractère fortement trempé, presque viril, qui la poussait à raisonner et à poser des questions à Dieu, à la Bible, à son propre cœur. Les premières années après son malheur, les doutes les plus redoutables l'assaillirent, et ses lettres nous donnent des aperçus sur la lutte terrible qui se livra en elle entre la foi et l'incrédulité, lutte qui, bien souvent, la réduisit au désespoir. En toute sincérité, elle exposa son angoisse au Seigneur ; elle combattit avec l'énergie qui la caractérisait, et Dieu lui donna la foi complète. Elle put dire enfin : « Seigneur ! pourvu que tu sois à moi !... » Nous transcrivons ici quelques fragments des lettres qu'elle écrivit à Rennecke en 1842, 1843 et 1844.

1842.

« Pourquoi la Bible nous laisse-t-elle dans une si grande obscurité sur l'état des âmes entre la mort et la résurrection ? Le mot : *Ils dorment*, la parole de notre Seigneur : *Lazare, notre ami, dort*, indiquent-ils que l'âme dort en effet ? Comment cette âme, pleine de vie, de mouvement, peut-elle tomber dans un état qui, pour nous, implique l'idée du repos ? Que la comparaison avec le sommeil s'applique au corps, je le comprends, mais je me refuse à croire que cette situation négative puisse être celle de l'âme lorsqu'elle a cessé d'être liée à lui. Notre âme dépend-elle donc tellement de notre corps qu'elle soit, sans lui, incapable de mouvement et même de conscience ? Pouvons-nous croire qu'un Etienne qui, déjà sur la terre, voyait le Sauveur, n'ait pas été heureux d'emblée ? Qu'il ait dû attendre, endormi, jusqu'à la résurrection générale ? Pouvons-nous croire qu'une âme qui a travaillé, créé, agi, se repose ? Non. Un tel repos serait pour elle l'anéantissement. Je puis croire à un développement graduel ou soudain de ses forces ; je dis graduel ou soudain, car mon intelligence ne peut pas se rendre compte si un regard du Seigneur suffit pour renouveler une âme et l'amener en pleine lumière, ou si, là encore, le temps est un élément nécessaire au perfectionnement. Je crois, j'accepte les deux alternatives, mais le sommeil de l'âme me répugne invinciblement. »

1843.

« Ce que vous dites de l'union des âmes après la mort m'a beaucoup touchée. Oui, cela est vrai ; seulement j'ai peine à me représenter comment nos bien-aimés peuvent être heureux tant qu'ils voient nos larmes, nos souffrances, nos péchés, nos folles agitations. N'attachent-ils donc pas plus d'importance à nos chagrins que nous n'en attachons à ceux des enfants ? Nous ne pouvons pas nous représenter le bonheur sans eux. Non, mon Dieu, pas cela !... Oui, j'ose le dire, je préférerais la souffrance avec eux à un ciel dont ils seraient absents. N'est-ce pas épouvantable ? Je n'aime donc pas le Seigneur ? C'est là la pierre de touche. En effet, si je désire la mort, ce n'est pas pour être avec Christ, comme dit l'apôtre, mais pour être réunie à ceux qui m'ont devancée. Comment puis-je vivre ainsi sous l'œil de mon Maître ? J'ai honte de cette pensée, et cependant je l'avoue et je m'y entête parfois. Je n'ai jamais éprouvé jusqu'ici autant d'orgueil vis-à-vis de Dieu. Mon malheur m'a souillée au lieu de me purifier. Pour achever de vous montrer le triste état de mon âme, je me servirai d'une comparaison étrange. Souvent, quand seule et rêveuse, je considère ma vie actuelle, mon passé se dresse devant moi et je m'écrie : « Mon » Dieu ! pourquoi m'as-tu fait cela ? » et il me semble être un enfant à qui son père a dérobé un objet précieux au moment où, plein de confiance, il lui tournait le dos. Un enfant, parfois, trompe son camarade, mais ce n'est pas ainsi que Dieu en agit à notre égard. Il ne veut pas que nous perdions confiance en lui. Pourquoi donc l'épreuve a-t-elle fait naître en moi de si coupables sentiments ?

» Cette lettre vous donnera une triste image d'un triste état d'âme. Voici une pensée qui augmente encore mon mécontentement intérieur. Si cette épreuve ne m'amène pas à la conversion, si un tel appel ne touche pas mon cœur, rien dans l'avenir ne me conduira à Dieu. Hélas ! je suis plus loin de lui que jamais.

» Aidez-moi à sortir de ces ténèbres et priez pour moi afin que le Seigneur m'envoie la lumière. Ne vous lassez pas de soutenir, de vos conseils et de vos prières, une pauvre âme qui lutte et qui pleure. »

Janvier 1844.

« La préface de votre livre est belle et vraie, mais elle est humiliante et affligeante. Savez-vous pourquoi ? Parce que vous dites : « Si Christ » n'est pas tout pour une âme, il ne lui est rien. » Je ne cherche pas à savoir pour quelles âmes Christ est tout. Il y en a sans doute quelques-unes, si elles ne sont pas en grand nombre, mais je me demande s'il est tout pour moi, et je ne trouve pas de réponse. Il n'est pas tout, mais il n'est pas rien non plus. N'y a-t-il donc pas de milieu ? Il doit devenir tout pour nous ; c'est le but de notre vie, et combien j'en suis éloignée ! Est-ce la preuve que Christ ne m'est rien ? Non, je ne puis l'admettre.... »

La duchesse vécut, calme et tranquille, jusqu'à 1848 dans le sein de sa famille, consacrant son temps et ses forces à l'éducation de ses fils. Elle se sentait d'autant plus pressée d'être pour eux une mère fidèle que, par une ordonnance rendue peu de temps après la mort du duc, la régence avait été dévolue, non à elle, mais au duc de Nemours, dans le cas où Louis-Philippe mourrait avant la majorité du comte de Paris. Elle put se soustraire complètement à la vie de cour, chacun respectant les sentiments qui la poussaient à demeurer dans la retraite, sous les vêtements de veuve qu'elle ne déposa jamais.

Son esprit et son intelligence se développaient de jour en jour. Toutes les questions ecclésiastiques et politiques qui, avant la révolution, sillonnaient l'horizon, pareils à des éclairs précurseurs de l'orage, excitaient son plus vif intérêt. Elle ne se trompa pas un instant sur le sérieux des temps ; mieux que personne, elle comprenait la gravité de ces signes avant-coureurs. Elle s'exprime clairement sur tous ces sujets dans ses lettres à sa belle-mère, dont Schubert a publié quelques-unes, et qui nous ouvrent de nouveaux aperçus sur l'intelligence de cette femme exceptionnelle et sur l'histoire de la France à cette époque. Le Seigneur lui avait fait rencontrer, pour l'éclairer et la consoler dans son épreuve, plusieurs amis et conseillers fidèles, avant tout le pasteur Verny, l'orateur distingué et le directeur spirituel, dont les prédications à l'église de la Rédemption furent pour elle une source de grandes bénédictions.

Nous ne pouvons résister au désir de reproduire un fragment de lettre, déjà publié par Schubert ; il nous montre combien étaient grands ses efforts pour mettre en pratique les prédications qu'elle entendait.

Noël 1843.

« J'ai communié hier dans l'église de la Rédemption, à la suite d'un service préparatoire très édifiant fait la veille par le pasteur Verny. Il a prononcé un excellent discours sur la fidélité, et nous nous sommes encore longtemps entretenus ensemble de ce sujet. Ah ! si seulement le cœur était *ferme* et ne se rendait pas toujours coupable de tant de petites infidélités. Il a particulièrement insisté sur la nécessité de tenir constamment son âme sous le regard du Seigneur. Quand vient une distraction, nous devons l'accueillir en disant à Dieu : « Seigneur, reste près de moi. » Est-elle passée, il faut de nouveau se recueillir. En un mot, nous devons *vivre* en présence du Seigneur, sous son regard, comme des enfants sous l'œil de leur mère. Cela m'est bien difficile, car mon défaut est de me perdre dans le vague et d'oublier alors la vie de chaque jour avec ses dangers multiples. Dieu veuille m'aider à ouvrir les yeux sur mon état et me donner la force de travailler sur moi-même ! »

Le contact avec les femmes distinguées qui formaient, dans sa retraite, sa société habituelle, fut pour son âme une grande source de développement. Avec le tact si fin qui la distinguait, elle savait reconnaître chez ses amies ce qu'il y avait en elles de beau et de bon, et faire jaillir des bénédictions de leurs rapports mutuels. Jusqu'à sa mort, la relation la plus intime l'unit à des femmes éminentes, appartenant toutes à la confession protestante : Mmes André, Delaborde et Mallet, mais surtout Mme de Staël, belle-fille du célèbre écrivain et belle-sœur du duc de Broglie, qui, pendant toute sa vie, fut l'ornement de l'Eglise évangélique de France, et dont le souvenir est resté précieux pour tous ceux qui l'ont connue.

Son influence ne s'étendait pas seulement à ces

familles appartenant aux plus hautes classes de la société, elle inspirait l'amour et la vénération au peuple français tout entier. Les savants qui l'approchaient étaient charmés de la profonde intelligence avec laquelle elle abordait toutes les questions scientifiques, sans qu'aucune trace de pédanterie altérât son caractère essentiellement féminin. Sa piété sincère, qui se manifestait sans paroles, dans toutes ses actions, lui attirait la sympathie non seulement de ses coreligionnaires, mais aussi des catholiques pieux dont elle accueillait les représentants avec sa cordialité habituelle. Quant à ce qu'elle fit pour les malheureux, à sa coopération aux œuvres philanthropiques qui naissaient nombreuses sous son patronage, ceux-là seuls le savent qui, travaillant avec elle, furent honorés de sa confiance. Ils le savent aussi, les pauvres qui, jamais, ne firent appel en vain à sa générosité.

Un trait peu connu de sa vie nous montre jusqu'où allait sa compassion. Elle avait hérité de sa grand'mère, la femme de Charles-Auguste de Saxe-Weimar, un certain nombre de gros diamants, qu'elle ne regardait jamais sans émotion. La grande duchesse les avait donnés aux Etats, après la bataille d'Iéna, pour qu'ils fussent vendus au profit des indigents ; les Etats n'avaient considéré ce don que comme un dépôt et, à la conclusion de la paix, les avaient rendus à la généreuse donatrice. La duchesse d'Orléans trouva en France tant de misères à soulager, tant de blessures à panser, qu'elle ne put prendre sur elle de garder ces pierres précieuses. Elle les vendit, « car, disait-elle, grâce à la générosité du roi, elles me sont inutiles. » Et elle employa la somme totale en œuvres de bienfaisance.

Ce qui contribuait encore à gagner à la princesse l'amour et la confiance du peuple français, c'était la conviction que jamais un cœur plus fidèle n'avait veillé à l'éducation du futur roi. Une femme, possédant à la fois toutes les qualités d'une mère allemande et une connaissance approfondie de la langue et du caractère du peuple français, une femme dont l'esprit unissait à une profondeur native une grande largeur de vues, n'était-elle pas des mieux qualifiées pour développer, chez l'héritier du trône, toutes les vertus nécessaires pour qu'il pût donner le bonheur à son peuple?

La duchesse suivait avec sollicitude le développement de l'âme des jeunes princes. Nous l'avons déjà entendue énoncer dans ses lettres ses principes d'éducation primaire. Le fragment suivant nous fera connaître ses vues sur l'éducation de ses enfants plus âgés et l'importance qu'elle attachait à la formation de leur caractère.

1844.

« Mes enfants vont bien. Paris est plus heureux depuis qu'il a appris à obéir et à remporter sur lui-même de petites victoires. Il étudie avec zèle et entrain ; j'ai peine parfois à obtenir qu'il lâche ses livres et ses cartes pour aller courir et sauter. L'histoire sainte et l'histoire profane l'intéressent également ; il apprend aisément et volontiers des fables, mais il aime peu l'anglais et l'allemand, qu'il comprend cependant. Il réfléchit beaucoup et ne veut jamais faire une promesse qu'il n'est pas sûr de tenir.

» J'ai arrêté toutes les leçons de Robert depuis qu'il a été malade. Il apprend sans peine, il est intelligent, facilement ému, violent, mais vite apaisé. Il a un bon petit cœur ; ses affections sont vives, mais moins profondes que celles de son frère. Il a une véritable passion pour moi et pour lui. Il donne volontiers, sans calculer, et ne voudrait rien garder pour lui-même. Il sait déjà bien l'allemand, qu'il apprend avec sa bonne. Quant à moi, je parle toujours français avec les enfants. »

Plus tard, elle écrit :

« Paris fait des progrès satisfaisants sous la direction du meilleur des professeurs, M. Régnier. Celui-ci a un noble caractère, il est à la fois paternel, sérieux et aimable avec son élève. Son enseignement est fort intéressant, et il s'est donné cœur et âme à sa vocation. Leurs rapports sont excellents ; l'enfant aime apprendre et s'enquiert de tout. J'ai peur qu'il ne devienne un petit philosophe. Je dis que j'en ai peur, car la philosophie n'enseigne pas la pratique de la vie, et une action prompte est souvent nécessaire aux rois.

» Robert est un petit homme vif, énergique, volontaire, passionné, une âme forte dans un corps faible et délicat. Il est souvent malade ; cependant j'espère que Dieu me le conservera. Les deux frères se ressemblent et s'aiment beaucoup. »

La grande et bienfaisante influence exercée par la princesse s'étendait à la famille royale tout entière. Louis-Philippe, qui avait toujours eu une sympathie particulière pour sa belle-fille, lui témoignait, depuis la mort du duc, une grande confiance, tellement qu'il discutait avec elle beaucoup de sujets qui sont d'ordinaire du domaine exclusif des hommes. Même dans des questions importantes de politique, son opinion était d'un grand poids. La reine Marie-Amélie, cette princesse napolitaine foncièrement catholique, avait, dès longtemps, mis de côté les préjugés qu'elle avait conçus au début contre une Allemande protestante. Elle avait, pour sa belle-fille, le plus tendre amour, et se trouvait dans une complète communion d'esprit avec elle, communion basée sur la foi vivante qui existait dans ces deux âmes d'élite. Les fils et les filles du roi se groupaient autour de cette sœur aînée, qu'ils respectaient et considéraient comme le chef spirituel de la famille. Les princesses s'appuyaient sur celle qui, intellectuellement, les dépassait sans jamais le faire sentir, et qui, avec une sincère modestie, les plaçait toutes au-dessus d'elle. Les princes la traitaient avec cet esprit chevaleresque qui rendait les fils de Louis-Philippe si populaires en France, et qui faisait naître chez leurs compatriotes tant d'espérances pour l'avenir du pays.

Ainsi, après la terrible année 1842, la duchesse

voyait commencer une phase plus calme ; contrairement à son attente, bien des fleurs s'épanouissaient pour elle au bord de la route, pendant que, soumise à Dieu, elle accomplissait son devoir. Si le temps ne guérissait pas la blessure, Dieu néanmoins adoucissait sa douleur en la sanctifiant et en empêchant que son âme y succombât. A mesure que les années passaient, elle traversait plus paisible et plus confiante ces tristes anniversaires, en pensant à l'avenir. Elle espérait, après tant de larmes, jouir en paix du développement de ses enfants et de la reconnaissance du pays. Pourtant, encore une fois, son âme dut apprendre le renoncement et traverser une épreuve dont elle eût pu difficilement prévoir l'amertume. Avant d'entrer dans le séjour de la paix, une nouvelle fournaise lui était réservée.

V

Nous n'avons pas à raconter ici les événements qui, au mois de février 1848, renversèrent le trône de Louis-Philippe et expulsèrent du pays la maison d'Orléans, que dix-huit ans auparavant la France avait acclamée. La conduite de la duchesse est le seul point lumineux sur lequel le regard puisse s'arrêter avec satisfaction pendant ces sombres jours. Le flot de la révolution montait avec une rapidité effrayante ; toutes les digues que Louis-Philippe lui opposait en multipliant les concessions, furent détruites le soir du 25 février. Les ministères furent renversés les uns après les autres; des réformes, à peine accordées, étaient reconnues insuffisantes. Il ne restait, au matin du 24, qu'un seul remède capable de sauver le trône et la dynastie : l'abdication du roi en faveur du comte de Paris, sous la régence de la duchesse Hélène. Louis-Philippe s'était décidé avec peine à cette démarche ; ses généraux l'avaient supplié d'écraser la révolution par la force et après tant de tergiversations de leur permettre de tirer sur les révoltés.

A onze heures du matin, un général arriva aux Tuileries et dit au roi :

— Sire, il n'y a pas un instant à perdre. Donnez des ordres ou abdiquez.

Le roi répondit après un court instant de réflexion :

— J'abdique.

Il se rendit ensuite auprès de la reine autour de laquelle toute la famille s'était réunie et communiqua aux siens sa décision. La reine le conjura de revenir en arrière ; la duchesse d'Orléans le supplia de ne pas faire une chose qu'elle considérait comme désastreuse.

— Prendre la couronne au roi, ce n'est pas l'assurer au comte de Paris! s'écria-t-elle. Comment un enfant porterait-il un fardeau que son grand-père trouve trop lourd pour ses propres épaules?

Louis-Philippe resta inébranlable. Ses forces étaient perdues, son courage brisé. La couronne, qu'une révolution lui avait apportée, lui était enlevée par une autre révolution.

La famille royale quitta aussitôt les Tuileries ; la duchesse resta héroïquement dans le château avec ses enfants et quelques amis, parmi lesquels le pasteur Verny. Ayant été chargée par le roi de garder la couronne, elle voulait rester, jusqu'au bout, fidèle à son mandat. Elle se rendit dans la salle du trône, puis, lorsque le flot populaire se rapprocha toujours plus, elle se transporta dans ses appartements, où elle attendit avec ses enfants et les personnes de sa suite, dont pas une ne la quitta pendant ces heures d'angoisse. Là elle reçut l'adresse de plusieurs députés qui lui demandaient de se rendre à la Chambre, où devait être lue l'abdication de Louis-Philippe et où le comte de Paris devait être proclamé roi. Déjà les émeutiers étaient devant la porte des Tuileries, lorsque la princesse quitta le palais avec ses enfants. Peu de minutes après son départ, l'antique demeure des rois était livrée au pillage. La salle du trône, les appartements du roi, la galerie de tableaux furent le théâtre de ces scènes grossières que la capitale de la France a vu se reproduire si souvent.

Un seul appartement fut respecté, celui de la duchesse ; la vénération que son nom seul inspirait à la multitude déchaînée était si grand, qu'un détachement de la garde nationale suffit pour éloigner les assaillants de cette aile du château et pour la préserver du pillage.

La duchesse se tenait perplexe avec son fils aîné sur la place Louis XV ; le fidèle ami de sa maison, Ary Scheffer, portait dans ses bras le duc de Chartres, malade. Elle hésitait sur le lieu où elle devait se rendre. Une immense foule remplissait la place ; des gardes nationaux, des soldats, des hommes, des femmes étaient là pêle-mêle ! Le duc de Nemours, qui voulait conduire sa belle-sœur à Saint-Cloud, ne put pas parvenir jusqu'à elle.

Cédant aux instances des députés qui l'accompagnaient, la duchesse se dirigea vers la Chambre. La multitude respectueuse bordait la haie. Plusieurs vivats à son adresse et à celle du comte de Paris se firent entendre. Un instant elle crut que les choses pourraient bien tourner, mais l'aspect de la Chambre anéantit immédiatement ses espérances. Un grand désordre régnait dans la salle ; des étrangers s'étaient mêlés aux députés et refusaient de s'éloigner. A l'aspect de la duchesse, des cris confus s'élevèrent : « A la porte, le prince, nous ne voulons point de prince, ici ! » pendant que des centaines de voix criant : « Vive la duchesse et le comte de Paris ! » cherchaient à couvrir celles des opposants. Enfin le président réussit à rétablir l'ordre.

La duchesse se tint avec ses fils à côté de la tribune, debout et prête à prendre la parole dès que le bruit serait apaisé. Odillon Barot, le dernier des ministres nommés par Louis-Philippe, lut l'acte d'abdication et le décret qui instituait la régence de la duchesse. Le président donna à celle-ci la parole. D'une voix forte, elle commença : « Nous sommes venus ici, mes fils et moi pour..., » mais à ce moment un tumulte indescriptible recommença, et il lui fut impossible d'ajouter une seule parole.

Après une longue interruption, le député Lamartine parvint enfin à se faire entendre. Les amis de la maison royale reprirent espoir à son aspect. L'illustre poète avait été jadis un partisan convaincu et un ami du duc d'Orléans. L'aspect de la noble princesse et de ses enfants ne devait-il pas à cette heure l'émouvoir fortement. Quant à la duchesse, elle ne se trompa pas un seul instant sur la démarche de l'homme dont elle suspectait depuis longtemps la fidélité. Elle comprit qu'il n'aspirait en ce moment qu'à ce bien le plus périssable de tous : la faveur populaire. Elle témoigna par un triste hochement de tête qu'elle n'attendait rien de son discours. En effet, plus il avançait, plus ses paroles faisaient pressentir qu'il conclurait non en faveur de la régence, mais en faveur de la république. D'aucuns ont prétendu dès lors que le grand poète avait préparé deux discours ; qu'il avait commencé celui en faveur de la régence, mais que, voyant l'esprit qui animait la foule, il avait fait volte-face et terminé un discours royaliste par une conclusion républicaine.

A peine avait-il achevé que des troupes armées pénétrèrent dans la salle ; la plupart des députés évacuèrent la place ; en un clin d'œil les tribunes furent prises d'assaut et la duchesse se vit exposée au plus grand danger. Les émeutiers tirèrent des coups de fusils et à plusieurs reprises la duchesse vit des armes dirigées contre elle et contre ses enfants. Pas un seul instant le calme céleste qui transfigurait tout son être ne l'abandonna. Elle resta immobile, regardant sans crainte la troupe déchaînée, jusqu'à ce que les derniers députés eussent quitté la salle. Alors elle céda aux instances de ses amis et chercha à atteindre par un corridor les appartements du président, mais la multitude l'avait précédée.

En vain quelques députés et gardes nationaux cherchent à lui frayer un chemin ; ses enfants sont arrachés de ses mains ; Chartres tombe à terre ; à ce moment-là seulement, la duchesse est saisie d'un accès de désespoir. Elle fend la foule, rentre dans la salle et crie d'une voix qui domine le tumulte et qu'aucun de ceux qui l'ont entendue ne pourra jamais oublier : « Mes enfants, mes enfants ! » Enfin on les retrouve et des amis fidèles les rendent à leur mère.

De la Chambre des députés, la duchesse se rendit aux Invalides comme à l'endroit le plus sûr en temps de révolution, car elle ne pouvait se décider à quitter la capitale ; mais là encore elle ne se trouva pas bien cachée ; son asile fut découvert par les insurgés et des bandes menaçantes se montrèrent dans les environs. Quelque dur que cela lui parût, elle ne pouvait s'opposer à la sollicitude de son entourage, qui redoutait pour elle et ses enfants cette populace excitée. Elle protesta jusqu'à la fin contre la fuite, car elle n'estimait pas que personne pût lui faire du mal, mais une véritable panique avait saisi les meilleurs amis de la monarchie. Ils n'espéraient plus qu'une chose : le salut de la princesse.

Elle dut se résoudre à quitter en pleurant, par une nuit sombre, la ville dans laquelle elle était entrée dix ans auparavant en plein bonheur. Passant sur les barricades, à travers des détachements d'insurgés qui tirèrent même sur la voiture, elle gagna, après de nombreux détours, le château solitaire du comte de Montesquiou où elle devait s'arrêter. Elle espérait pouvoir, peu de jours après, rentrer à Paris. Dans ces heures où chacun avait perdu la tête, elle conserva la paix et la dignité qui inspirèrent toutes ses décisions. Elle écarta vivement toute idée de déguisement. « Je veux être prise en princesse, si on me prend, » répondit-elle à ceux qui le lui conseillaient. Ses derniers mots en entrant dans la voiture furent ceux-ci, adressés aux députés : « Demain, après-demain, dans dix ans, au premier appel, je reviendrai ici. »

Elle ne fut pas rappelée ; elle n'a revu ni la France, ni Paris. Peu de jours après, elle dut quitter le château solitaire pour gagner la frontière belge, car le danger allait croissant pour elle et la république semblait revenir aux jours terribles de 1793. M. de Mornay, un de ses amis les plus dévoués, avait à grand'peine obtenu des passeports pour l'étranger. Partout les ponts étaient coupés et les routes rendues impraticables. A Amiens, à Lille, les fugitifs furent reconnus. Personne, cependant, n'entrava leur fuite. Enfin, ils atteignirent un train qui franchissait la frontière belge. Des commissaires de la république prirent place au dernier moment dans le compartiment de la duchesse. Ils surent respecter la souffrance et le malheur et ne dirent pas un mot contre elle. Lorsque le train franchit la frontière, la duchesse fondit en larmes. Le chevaleresque ami qui l'accompagnait, M. de Mornay, fut si ému qu'il ne put retenir les siennes. « Ah ! s'écria la princesse avec de profonds soupirs, nos larmes sont de nature différente ; vous pleurez de joie, parce que vous nous voyez sauvés, moi, je pleure de douleur de devoir quitter la France, ce pays sur lequel j'appelle toutes les bénédictions du ciel. Où que je meure, que la France sache que mon cœur jusqu'au dernier moment battra pour elle. » Des années plus tard, elle disait : « Quand l'idée me traverse que je ne reverrai pas la France, il me semble que mon cœur se brise de douleur ! »

VI

Nous suivrons maintenant cette femme infortunée à travers les dernières étapes de sa vie. Depuis le jour où son exil commença, elle parcourut diverses villes sans faire d'établissement durable dans aucune ; son existence devait être errante, afin que son cœur, détaché de la terre, fût de plus en plus attiré vers les choses du ciel et trouvât la paix dans les perspectives éternelles. Ce but a été atteint d'une manière admirable. Plus la duchesse traversait d'épreuves, plus son cœur souffrait, plus le désir de la paix grandissait en elle et plus son esprit se détachait de la terre et de ses espérances.

Nous avons peu de documents sur sa vie intime à cette époque ; elle écrivit moins que par le passé à son ancien professeur ; les lettres à sa mère sont rares, parce qu'elle vécut beaucoup auprès d'elle, mais le peu que nous avons nous fait assister à la croissance de l'homme intérieur. L'âme plongeait de plus en plus ses racines dans la miséricorde éternelle, pendant que les feuilles et les rameaux étaient dispersés au loin par la tempête.

Après un court séjour à Ems, en 1848, la duchesse s'était réfugiée à Eisenach, où son oncle, le grand-duc de Saxe, lui avait offert comme résidence une partie de son château. Pendant deux ans, elle y vécut tranquille avec ses fils ; leur éducation était sa première et incessante préoccupation. Elle désirait qu'ils arrivassent à l'âge d'homme dans cette Allemagne qui l'avait vue naître, mais comme elle ne perdait jamais de vue la destinée à laquelle ils étaient appelés, elle tint à les entourer de Français. L'éminent précepteur, M. Régnier, qui n'avait pas quitté un instant la duchesse pendant les heures de péril, fit venir sa famille à Eisenach ; des amis, d'anciennes dames d'honneur, formaient à la duchesse une petite cour française, et dans ces conditions relativement agréables, s'écoulèrent quelques mois paisibles.

En 1850 déjà, la duchesse interrompit pour un certain temps son séjour à Eisenach et s'en alla en

Angleterre. Le comte de Paris devait faire sa première communion auprès de ses grands-parents, et pour la première fois, depuis la tempête de février, les exilés se trouvèrent réunis. La cérémonie eut lieu dans la chapelle catholique de Claremont.

Ce séjour en Angleterre fut marqué par un autre événement. Louis-Philippe mourut dans la même année au milieu de ses enfants et entouré des soins de la reine et de sa belle-fille. Bientôt après, un nouveau deuil groupa la famille d'Orléans autour du lit de mort de la reine Louise de Belgique, la fille aînée de Louis-Philippe. Le cœur de la duchesse fut vivement atteint par cette double perte.

« Je ne saurais vous dépeindre l'isolement dans lequel nous nous trouvons depuis la disparition de notre seconde providence, écrit-elle peu après. Le Seigneur nous a repris notre ange, il sait ce qui nous est bon, mais ses voies sont insondables. Le malheur qui nous a frappés est immense et chaque jour nous sentirons davantage la grandeur de notre épreuve. En elle nous avons perdu non seulement une amie, mais notre meilleur appui. Depuis qu'elle ne veille plus sur nous, la solitude me pèse plus encore et je m'enferme davantage dans ma douleur. Tomberais-je de nouveau dans le péché d'aimer trop passionnément ceux que Dieu m'a laissés, puisqu'il m'a pour la quatrième fois retiré un de ceux auxquels je tenais si fortement.

» Parfois cette pensée me fait trembler pour mes fils qui, pour le moment, sont l'objet de ma sollicitude, mais qui plus tard, lorsqu'ils deviendront pour moi des amis, partageront peut-être le sort que mon amour trop ardent a préparé à d'autres. Ne me blâmez pas à cause de ces pensées, usez à mon égard d'indulgence et ne voyez dans ces réflexions qu'une conséquence des malheurs qui m'ont atteinte. Aidez-moi à prier pour que le Seigneur adoucisse l'amertume de mes épreuves. Oh ! si vous pouviez voir la reine, si vous pouviez entendre ses paroles de foi et de soumission qui excitent notre profonde admiration. Elle est vraiment forte et ne vit plus que dans le ciel ; son seul désir est de voir ses enfants marcher vers ce but-là et de se préparer elle-même au départ. Elle s'élève au-dessus de toutes les douleurs terrestres, parce que le Seigneur la soutient et la fortifie. Je désespère d'arriver au point où elle en est, je ne puis que prier le Seigneur de me pardonner la douleur dans laquelle m'a plongée cette nouvelle perte! »

Il fut plus difficile encore pour la duchesse de supporter les coups qui lui vinrent par la main des hommes l'année suivante, en 1851. Tant que la France avait été une république et qu'elle l'avait vue déchirée par la lutte des partis, elle n'avait eu que des pensées de pitié pour ce pays et elle avait espéré que sa famille serait bientôt de nouveau appelée à rendre la paix à sa patrie.

Le coup d'Etat du 2 décembre et la restauration de l'empire inspirèrent à son âme la plus grande horreur. Le calme de mort qui s'étendit sur la France lui fit craindre que pour de longues années tout espoir de retour dût être différé et que ses fils fussent destinés à passer leur vie entière dans l'inaction et l'ennui de l'exil. Cette perspective la rongeait et les événements qui se déroulaient en France lui rendirent souvent difficile la foi à la justice et à l'amour de Dieu qu'elle n'avait pas perdue pendant les moments les plus tristes de sa vie.

« Tout me fait mal, oui, tout, même la piété inaltérable de la reine ; je m'irrite parfois de ne pas la voir aussi en colère que nous ; elle a des paroles d'indulgence et d'amour chrétien pour chacun, ce qui m'est impossible. »

Un voyage en Suisse lui apporta un peu de soulagement dans ces jours d'angoisse et lui donna en même temps un avertissement sérieux, dont les fruits pour son âme ne furent pas perdus.

Près de Lausanne, sur une route qui passait le long d'un torrent grossi par la pluie, sa voiture versa. La dame d'honneur qui était assise à côté d'elle, l'écrasa presque sous son poids, tandis que l'eau qui coulait sur elle menaçait de l'étouffer. Les jeunes princes s'étaient promptement dégagés, mais ne purent sortir leur mère qu'au prix des plus grands efforts. La duchesse resta longtemps sans connaissance ; lorsqu'elle revint à elle, on découvrit que son épaule était cassée. C'est au milieu des plus vives souffrances qu'elle fut ramenée à Lausanne, où la vieille reine Marie-Amélie se rendit aussitôt pour soigner sa belle-fille. Elle raconta cet incident au professeur Rennecke, à la fin de 1852, dans une lettre datée de Killeyhouse, près de Londres.

« J'ai retrouvé cet été, par un beau soir de dimanche, un souvenir de jeunesse ; j'ai revu avec mes enfants l'appartement que nous avons habité à Zurich en 1827. Je ne puis pas dépeindre mes impressions. Je croyais entendre la voix d'Albert, et cependant je ne retrouvai qu'une pierre commémorative en son honneur, avec cette inscription : *Des ténèbres à la lumière.* Les enfants gravirent le Righi, puis nous traversâmes la belle vallée d'Unterwald pour arriver à Brienz, d'où nous fîmes une excursion au Giessbach. Quelle magnifique soirée ! Nous étions enthousiasmés, mes enfants et moi. Nous allâmes ensuite à Interlaken et dans cet incomparable Grindelwald, où j'aurais aimé passer des mois. De là, nous fîmes l'ascension du Faulhorn, d'où la vue s'étend sur l'Oberland, puis nous vînmes par Thoune, Vevey et Coppet, à Genève, où je fis une visite à Mme de Bontems, à Chambésy. Je fus malade et je restai quatre semaines dans un chalet froid et humide. Les enfants utilisèrent ce temps pour apprendre à connaître le pays. Ils ont vu Chamonix, pendant que dans mon lit je faisais l'expérience de la bonté et de la miséricorde de Dieu. Très faible, je retournai à Genève, pour regagner de là Eisenach. Je fus arrêtée par un accident à Lausanne et dus y séjourner cinq semaines. J'ai traversé les angoisses d'une double mort, écrasée par un poids énorme et étouffée par l'eau. J'avais abandonné tout espoir de salut et remis mon âme à la miséricorde de Dieu, lorsqu'il me délivra et me fit éprouver la joie d'une véritable résurrection. Jamais ce souvenir ne s'effacera de ma mémoire ni de celle de mes enfants, qui se sont bravement comportés et ont montré beaucoup de courage et de présence d'esprit. »

La duchesse vécut en Allemagne et surtout à Eisenach, de 1853 à 1856. Il s'était produit, à la suite des événements politiques, des différends dans le parti orléaniste, différends qui avaient jeté leur ombre sur la famille royale. Une partie des Orléanistes désirait l'alliance avec les légitimistes, et plusieurs membres de la famille royale étaient portés vers cette fusion qui, après la chute de l'empire, préparait le retour en France des Bourbons et des d'Orléans. La reine et le duc de Nemours soutenaient surtout cette manière de voir et essayaient d'opérer un rapprochement entre le comte de Chambord et la branche cadette des Bourbons et des d'Orléans. La duchesse Hélène, d'accord avec les plus jeunes fils de Louis-Philippe, refusa de la manière la plus péremptoire de s'associer à ces essais de conciliation. Elle se considérait comme liée par le testament politique de son mari et obligée à élever ses fils dans les principes de la charte de 1830 et de leur conserver jusqu'à leur majorité l'héritage politique de leur père et de leur grand-père.

Les détails des négociations entamées alors ne sont pas encore bien connus. Il en ressort clairement une chose, c'est que la fusion n'eut pas lieu et que les partis restèrent séparés.

Plus les cœurs et les esprits de la famille d'Orléans étaient d'accord sur d'autres sujets, plus il leur fut douloureux d'être séparés dans une question qui était si importante pour l'avenir de leur maison. La duchesse préféra éviter pendant quelques années toute rencontre avec les siens pour échapper aux discussions politiques, et conserver intact l'amour qui l'unissait aux autres membres de sa famille et qui pouvait s'exprimer par des lettres.

L'hiver de 1856 à 1857 trouva la duchesse en Italie, cherchant dans le délicieux climat de Gênes le raffermissement d'une santé ébranlée par la lutte et la souffrance. Elle passa encore quelques semaines en Allemagne, surtout à Eisenach, puis elle abandonna l'asile qui l'avait abritée jusque-là.

Les différences de vues politiques n'avaient pas disparu, mais l'occasion de la fusion était manquée, aussi la séparation qui s'était opérée entre les membres de la famille d'Orléans avait-elle perdu son amertume. D'autres intérêts avaient surgi. La guerre entre les puissances orientales et la Russie avait ému les esprits. La duchesse se rendit auprès de sa vénérable belle-mère, elle voulait jouir jusqu'au bout des derniers rayons de cette âme lumineuse. Le temps se rapprochait où ses deux fils entreprendraient de grands voyages, où le comte de Paris serait majeur et déciderait seul de la route à suivre. La princesse voulait vivre au sein de sa famille, et bien que le séjour en Angleterre ne lui fût pas sympathique, elle surmonta toutes ses répugnances afin de se rendre avec ses fils là où étaient les siens. Les mois d'automne 1857, que la duchesse passa à Thamesditton, une petite propriété dans le voisinage de Claremont et de Twickenham, domaine des derniers membres de la famille, furent les plus beaux et les moins sombres de sa vie, depuis les journées de février 1848. Une sainte paix

régnait parmi tous les membres de la famille. Chaque soir on se réunissait pour prendre le thé avec des amis français qui étaient en visite. La reine était toujours le centre de la famille ; une nouvelle génération pleine d'espérance s'élevait autour d'elle. Chacun apportait son contingent d'idées, d'affections, d'espérances. Une vie intellectuelle puissante régnait dans ce cercle. La duchesse était heureuse par ses fils. Elle enregistre ses impressions à cet égard dans des lettres écrites l'année qui précéda sa mort.

« Je suis extrêmement heureuse, écrit-elle à la fin de 1857, de voir mes fils se développer selon mon cœur ; leurs âmes se fortifient dans le bien ; ils prennent vis-à-vis de moi une attitude fraternelle, paternelle même ; ils s'occupent de leur mère comme s'ils étaient chargés de la protéger, et ma faible santé leur en fournit de nombreuses occasions. L'âge de mon fils aîné est, à mon avis, le plus beau de la vie d'un homme. Il a toute l'ingénuité et toute la naïveté de la jeunesse, une entière sincérité de principes, une grande fraîcheur d'impressions et unit à cela une fermeté qui progresse toujours, une prudence qui lui tient lieu d'expérience et un grand désir de se perfectionner.

» Robert manifeste aussi, quoique plus jeune, une certaine maturité, unie à son esprit enfantin, et sa nature vive, souvent impétueuse, commence aussi à être domptée par sa sagesse naissante. Vous me direz que j'admire trop mes enfants, mais je puis vous assurer du contraire. Nous ne sommes pourtant pas aveuglés, lorsque nous reconnaissons les bienfaits que le Seigneur nous accorde au milieu de nos souffrances. Je serai toujours très exigeante envers mes fils, car je désire qu'ils atteignent les sommités les plus élevées. »

Plus tard, elle écrit :

« Je ne puis pas vous décrire la transformation qui s'est opérée chez mon fils aîné. Je ne le protège plus, mais je suis protégée par lui. Je vois avec plaisir qu'il y a en lui une assurance qui n'existe absolument pas chez moi ; lorsqu'il a une autre opinion que la mienne, je puis vous certifier que j'en suis heureuse, je puis même dire que j'ai du respect pour lui. »

La duchesse devait bientôt quitter une vie encore si pleine d'espérances. Le Seigneur, dans sa bonté, lui fit entrevoir par avance sa mort et remplit son cœur du pressentiment qu'elle serait bientôt appelée à quitter tout ce qui lui était si cher. Combien plus, dès lors, les pensées de l'éternité lui deviennent-elles familières? Avec quelle puissance ne lutte-t-elle pas pour arriver à la joie en Christ ; nous le voyons dans une lettre, écrite à la fin de 1857, au docteur Rennecke :

« Je lis maintenant des méditations sur quelques textes bibliques, ceux-ci entre autres : *Travaillez à votre salut avec crainte et tremblement* ou : *Aujourd'hui, si vous entendez sa voix, n'endurcissez pas vos cœurs*. Je me sens parfois sous une impression sérieuse et solennelle comme si je devais bientôt comparaître devant le tribunal de Dieu, et alors toute ma joie s'évanouit, non seulement parce que ma foi dans sa miséricorde est très faible, mais aussi parce que je sens que je ne puis me détacher de mes enfants et que j'aime le monde plus que mon Sauveur. Je sens que le Seigneur seul peut m'aider, mais il faut que je le veuille et cette volonté m'est presque impossible. Je suis trop faible, mon esprit est trop terrestre, trop enlacé dans les choses de la vie pour le suivre, pour charger ma croix et devenir son disciple. »

La force du Seigneur l'avait amenée sur les sommets de la foi ; elle avait purifié chaque jour son esprit ; c'est ce que nous voyons dans les dernières lettres que nous transcrivons d'elle et que nous considérons comme le suprême témoignage rendu par cette âme d'élite :

« Par moment je sens comme des éclairs de détachement en moi. L'amour-propre maternel même disparaît de mon âme, mais ces instants sont fugitifs, l'image du ciel se voile, faisant place aux préoccupations terrestres. Ce qui m'est difficile, ce n'est pas tant de me détacher des choses de ce monde que de leur préférer celles du ciel. Mes occupations me distraient et les petites préoccupations envahissent mon âme. Oh! qu'il est humiliant de plonger dans les profondeurs de son propre cœur ! »

La duchesse devait, avant son propre départ, assister encore à une mort qui fut pour elle et pour toute la famille royale une prédication saisissante sur la fragilité des plus belles choses humaines. La jeune duchesse de Nemours succomba à la rupture d'un anévrisme, accident survenu peu de jours après des couches heureuses. La duchesse Hélène vit avec un chagrin infini mourir cette belle-sœur, si tendrement aimée, et qui, comme elle, était allemande. Ce coup subit, la douleur du mari et des enfants, le chagrin silencieux de la reine qui ne pouvait que soupirer ces mots : « Pourquoi n'est-ce pas moi ! » couvrit d'un voile de deuil la vie de la famille qui avait compté sur un hiver si paisible. Qui, en lisant ce qu'elle disait au sujet de la mort de sa belle-sœur, aurait supposé qu'elle composait en quelque sorte sa propre épitaphe et décrivait prophétiquement l'impression que son départ ferait quelques mois plus tard sur sa famille.

« Nous sommes atteints dans nos sentiments les plus profonds, écrivait-elle ; la mort qui nous a ravi un être si tendrement aimé, a paru au milieu de nous avec tout son sérieux, mais sans causer d'effroi. Le passage d'une vie à l'autre était saisissant ; jamais nous ne l'avions vu si prompt, jamais nous n'avions considéré l'existence terrestre comme un état aussi passager. Dieu veuille que l'impression de ce que nous avons traversé demeure à toujours pour notre salut ! »

La princesse qui écrivait ces mots était mûre par la grâce de Dieu pour la vie éternelle dont elle était si près. Ses forces étaient taries depuis longtemps. Des coups répétés, des soucis multipliés avaient agité son âme et ébranlé sa santé ; un fardeau trop lourd avait reposé sur elle. Un souffle léger devait suffire pour déraciner cette plante délicate et la coucher dans la poussière.

Au commencement de mai 1858, le duc de Chartres tomba malade d'une mauvaise grippe, pendant laquelle il fut soigné de la manière la plus dévouée par sa mère. Le jour où il entra en convalescence, sa garde-malade se coucha pour ne plus se relever. La maladie ne donna pas d'inquiétude au début et sembla suivre un cours normal. Mais bientôt, à une toux fatigante, se joignirent des étouffements et des évanouissements qui témoignaient d'un entier affaiblissement des nerfs. Le dimanche 16 mai, il ne semblait pas y avoir aucun danger ; la malade pouvait parler et recevoir des visites ; elle s'informait, avec un soin touchant, de tout ce qui intéressait ceux qui l'entouraient. Le jour suivant, on s'aperçut qu'une crise fatale était imminente ; par moments ses paroles étaient incohérentes, elle s'exprimait parfois en vers. Le plus souvent c'étaient des pensées sur la mort qu'elle revêtait ainsi de formes rythmées. Le soir, les médecins n'avaient pas abandonné tout espoir. Elle semblait devoir s'endormir paisiblement. Elle prit congé de ses enfants avec ses paroles habituelles :

— Dieu vous bénisse, mes enfants !

Puis elle s'étendit, en disant :

— Je crois que je vais dormir ; oh ! si bien dormir !

Pendant la nuit, lorsqu'on la réveillait pour lui faire prendre des remèdes ou des cordiaux, on l'endait répéter doucement ces mots : « Je vais si bien dormir. » Il en fut ainsi. Tandis que le médecin, dans la chambre à côté, écrivait quelques mots pour donner des nouvelles de la malade à la reine-mère, tandis que deux gardes veillaient auprès de son chevet, soudain, sans aucune lutte, le souffle s'arrêta, le cœur cessa de battre et le médecin, qui accourut en toute hâte, ne put que constater que l'âme s'était envolée et que la noble martyre avait cessé de souffrir.

Nous ne pouvons que nous taire devant la douleur des fils, des frères et des sœurs de la duchesse. Ce deuil déchira le cœur des deux mères, l'une présente, l'autre bien éloignée ; seul l'œil de Dieu a vu toutes les larmes qui furent versées en France à la nouvelle de la mort de la noble princesse. Bien que son rôle eût été modeste, on ne l'avait oubliée nulle part et la nouvelle inattendue de sa fin subite provoqua dans le pays qu'elle aimait tant, une explosion de sympathie et d'amour tel qu'elle n'en avait pas rencontré, même au jour de son bonheur. Des milliers de personnes, venues de Paris ou d'autres villes, allèrent à Londres pour revoir la précieuse dépouille qui, paisible et souriante comme dans les jours de joie, reposait dans un cercueil au milieu des fleurs. Des milliers de personnes suivirent le cortège, lorsque, accompagné par les prières du pasteur Vallette, son corps fut déposé dans la chapelle de Weybridge entre ceux de Louis-Philippe et de la duchesse de Nemours.

Une circonstance particulière me remit, le jour de sa mort, en présence de l'image de cette femme d'élite, dont j'avais si peu de temps auparavant fait la connaissance. Le 19 mai 1858, je fis, dans l'établissement des diaconesses de Strasbourg, le service funèbre d'une jeune sœur. Une diaconesse étrangère, de passage à Strasbourg, était présente. Cette personne s'était trouvée pendant de longues années, soit à Paris soit à l'étranger, en contact immédiat avec la duchesse d'Orléans ; elle ne l'avait quittée que pour devenir diaconesse et entreprendre la direction d'un établissement fondé récemment. Près du cercueil de sa jeune collègue, elle apprit le départ de sa maîtresse bien-aimée ; ce fut pour elle un coup de foudre, car peu auparavant elle avait encore reçu une lettre d'elle. Le même soir elle partit pour l'Angleterre afin d'assister aux funérailles. Peu de jours après, elle revint et par elle j'appris les détails de ce qui s'était passé à Londres. L'avant-veille de sa mort, la duchesse avait fait écrire à celle qui l'avait si fidèlement servie, lui demandant de venir la soigner dans sa maladie. La lettre n'était pas parvenue à son adresse et la sœur Johanna ne revit que la dépouille de celle qu'elle avait tant aimée. Elle avait été particulièrement frappée par l'expression de la reine, par la chrétienne soumission avec laquelle elle avait supporté ce coup terrible. Lorsque la diaconesse prit congé, elle lui remit comme souvenir un exemplaire de l'*Imitation de Jésus-Christ,* qu'elle avait souvent lu avec sa belle-fille ; elles s'édifiaient ensemble sur la base de la communion spirituelle qui les unissait dans la foi au Sauveur. Schelling, dans sa dernière lettre à Schubert, a appelé la duchesse d'Orléans *la femme la plus éprouvée de notre époque*. Les pages qui précèdent ont montré combien cette parole était vraie et combien étaient profonds les sillons que la main de Dieu avait creusés dans la vie et dans le cœur de la princesse. Elles ont montré aussi quels fruits admirables de vie et de foi avait produit la Parole de Dieu, semée dès l'enfance dans son cœur.

Notre esprit terrestre et borné pourrait être troublé en se demandant pourquoi Dieu n'a pas permis qu'une semblable princesse occupât le trône de France ; elle en eût été l'ornement, sa vie aurait été une bénédiction à son peuple et à l'Europe entière. Combien les événements auraient été différents si des princes, élevés par une telle mère, avaient dirigé, avec l'esprit qui l'animait, les destinées de la France. Que de malheurs auraient été épargnés au monde, que de sang qui n'aurait pas été versé ! L'amour éternel qui voulait attirer à lui cette âme d'élite, lui avait préparé une route sur laquelle elle brilla, non par les rayons passagers de la grandeur terrestre, mais par beaucoup de douleurs qui la firent entrer dans le royaume des cieux. Ce que le Seigneur a fait pour elle n'a pas été perdu. Dans sa voie mystérieuse, mais bienfaisante, elle n'a pas été inutile aux autres, elle est devenue pour beaucoup une source de bénédictions. Nous pouvons croire même que le Seigneur dans sa sagesse avait choisi ces moyens pour amener à leur plein épanouissement des dons remarquables qui ne se seraient peut-être pas complètement développés dans l'éclat du bonheur. Par la sympathie profonde qu'elle témoigna à d'autres, elle les fit participer à ce qu'elle avait acquis.

Nous ne voulons pas terminer cette esquisse sans y ajouter le testament, peu connu, dans lequel la duchesse exprimait, deux ans avant sa mort, ses dernières pensées. Ce morceau nous donne une preuve de plus de l'élévation de son âme, qui se montre à travers ces simples paroles.

Testament de la duchesse.

« Au nom du Père, du Fils et du Saint-Esprit, je remets en mourant mon âme entre les mains de Dieu et j'implore, au nom de Christ, sa miséricorde infinie en lui demandant de me recevoir dans son royaume céleste et de me réunir à ceux que j'ai pleurés ici-bas. Je laisse à mes chers fils ma bénédiction maternelle en demandant au Seigneur de les conduire à travers la vie, de leur donner des jours heureux et de leur accorder le bonheur éternel lorsqu'ils auront achevé leur carrière. Mon dernier adieu est pour eux, avec l'expression de ma reconnaissance pour tout le bonheur qu'ils m'ont procuré. Je prie la reine Marie-Amélie de recevoir l'assurance de ma respectueuse gratitude. J'envoie un dernier adieu à ma mère à qui je dois tout, à mes frères et sœurs pour lesquels j'ai toujours eu un amour sincère, à mes parents du côté de ma mère, dont l'aimable hospitalité a adouci pour mes fils et pour moi, l'amertume de l'exil, à mes amis, à mes serviteurs, dont la fidélité dans le malheur m'a inspiré un attachement reconnaissant ; à la France, enfin, que j'ai tant aimée et où j'ai passé les années les plus heureuses de ma vie.

» Je recommande à mes fils de ne jamais oublier que la crainte du Seigneur est le commencement de la sagesse, qu'elle est un guide et une lumière dans le bonheur, un appui dans le malheur. Puissent-ils rester fidèles aux principes qui ont dirigé leur enfance. Puissent-ils rester fidèles à leurs convictions politiques. Ils doivent les garder, que ce soit par leur constance dans le malheur ou dans l'exil, ou que ce soit par leur fermeté et leur amour dévoué pour la patrie, lorsque les événements les rendront à leur pays. Puisse la France, quand elle sera rentrée en possession de sa dignité et de sa liberté, puisse la France constitutionnelle compter sur eux, afin qu'ils défendent son honneur, sa grandeur et ses intérêts. Puissent la sagesse de leur grand-père, l'esprit chevaleresque de leur père, revivre en eux. Qu'ils se souviennent des principes politiques qui ont fait la gloire de leur maison, que leur grand-père a suivis sur le trône et que leur père avait adoptés avec toute sa force, comme le prouve son testament. Ses dernières recommandations ont dirigé toute leur éducation. A l'heure où je quitte ce monde, je recommande mes fils à la reine.... Je recommande à mes fils de rester toujours étroitement unis. Leur inaltérable union est la condition de leur force et de leur bonheur à tous deux. Dans quelque lieu d'exil que je termine mes jours, je demande à mes fils, ou à leurs descendants, de ramener mes cendres en France, lorsque notre famille y sera rentrée et de les déposer dans la chapelle de Dreux, auprès du tombeau de mon mari.

» Je termine ici mes dernières volontés en assurant de mon pardon tous ceux qui m'ont offensée ou affligée et en demandant à ceux que j'ai pu blesser, d'oublier et de me pardonner.

» Ma dernière parole est pour mes bien-aimés fils, c'est une prière et une bénédiction. »

Eisenach, 1er janvier 1855.

www.ingramcontent.com/pod-product-compliance
Ingram Content Group UK Ltd.
Pitfield, Milton Keynes, MK11 3LW, UK
UKHW020242220726
13923UKWH00002B/793

9 782329 049724